UNSER AUFTRAG

REBECCA BEARD

UNSER AUFTRAG

Die Entwicklung des inneren Menschen

2. Auflage

TURM VERLAG 7120 BIETIGHEIM

Die Originalausgabe erschien in dem Verlag Harper & Brothers,
New York, unter dem Titel EVERYMANS MISSION

Vom gleichen Autor

WAS JEDERMANN SUCHT

UNSER ZIEL

UNSER GEISTIGES ABENTEUER

ISBN 3-7999-0020-9

Umschlag von Creativ GmbH Ulrich Kolb, Stuttgart
Herstellung: Verlagsdruckerei Otto W. Zluhan, 7120 Bietigheim

Inhalt

Seite

Vorwort

„Was jeder sucht" stellt das Suchen nach Gott dar, „Unser Ziel" das erweiterte Bewußtsein, das aus diesem Suchen kommt. „Unser Auftrag" ist die Berufung, das uns von Gott aufgetragene Wirken im Leben.

Ein Teil dieses Auftrags ist die Zucht und Übung, durch Gebet und Betrachtung Seiner Gegenwart bewußt zu werden und auch unseren Willen ganz in Übereinstimmung mit dem göttlichen Willen zu bringen. Gottes Wille muß als etwas Ausgreifendes und in unendlichem Maße Leben Spendendes, jedoch im weltlichen Sinne fast als etwas Einengendes, dem man sich peinlich unterwerfen muß, verstanden werden. Wenn ein Mensch sich ohne Widerstand und Auflehnung Gottes Willen hingibt, reift er zum Guten stetig, ohne Hast und unaufhörlich. Wenn der göttliche Wille so an- und aufgenommen wird, ist er ein liebevoller Zwang. Wenn er verworfen wird, beschwört der Mensch das unvermeidliche Ergebnis des Leidens herauf. Das Leiden ist eine Folge und nicht eine von Gott auferlegte Strafe.

Weil ich zutiefst davon überzeugt bin, daß diese Worte nicht das Produkt meines eigenen Denkens sind, habe ich mich bereit erklärt, daß sie in Buchform herausgebracht werden. Als ich die Betrachtungen nochmals durchlas, wurde es mir bewußt, daß sie nicht mein Werk waren. Sie wurden durch mich gegeben, sind aber nicht von mir, denn ich las sie mit derselben Objektivität wie die Worte eines anderen. Die Tiefe ihrer Bedeutung hat zu mir gesprochen und mich gestärkt, und ich hoffe, daß sie auch zu euch sprechen und auch euch stärken wird.

Mit diesem Buch teile ich die Früchte meiner geistigen Entwicklung in einem Leben der Betrachtung und inneren Schau mit euch. Es war mir ein echtes Bedürfnis, seinen Inhalt zur Veröffentlichung vorzubereiten, ohne den Hintergedanken, daß sich jemand an die Reihenfolge oder die Art der Betrachtungen gebunden fühlen sollte. Es ist eher eine Tat tiefer Dankbarkeit für die Dinge, die ich aus diesen Blättern gelernt habe und noch lerne. Der Heilige Geist will einen jeden zu seiner eigenen Art der Vollendung leiten.

Rebecca Beard

Die Disziplin (Zucht)

Homer führte seine Leser durch eine „unsterblich" gewordene Irrfahrt mit Odysseus; so lade ich dich ein, in diesen Blättern zu einer inneren Fahrt in die weiten Gefilde des menschlichen Geistes, um da Möglichkeiten zu entdecken, die noch verborgen und unbenutzt irgendwo schlummern.

Ein junger Mann erklomm einst einen hohen Berggipfel. Als er die Spitze des Felsens erreicht hatte, sprang er mit fröhlichem Siegesgeschrei hoch. Jedoch der Bergführer zog ihn warnend herab und mahnte: „Nicht aufstehen! Der Wind wird dich wegblasen! Auf diesem Gipfel darf man nur auf den Knien stehen!"

Der erste Schritt auf unserer Reise muß die Erkenntnis unserer eigenen Ohnmacht und die Erkenntnis der Allmacht Gottes sein.

Oftmals müssen wir erst Schmerzen und Leiden erfahren, bevor wir willens sind, diese Reise zu beginnen. Das war meine eigene Erfahrung. Der Schmerz mag geistiger, meistens seelischer oder körperlicher Art sein, erst wenn er uns nicht mehr losläßt, gesteht man sich die Niederlage des eigenen kleinen Selbst ein. Erst dann stellt sich die Bereitschaft ein, sich in innerer Ergebung an eine höhere Macht um Hilfe zu wenden.

Niemand ist über diese Möglichkeit glücklicher als der, dem der Arzt deutlich zu verstehen gegeben hat, daß es für seinen speziellen Krankheitsfall kein Mittel und keine Behandlung gibt, die ihm helfen könnten. Denn erst wenn er erkennt, daß ihm die Wissenschaft nicht mehr helfen kann, wendet er sich notgedrungen an geistige Helfer, wenn er gläubig ist.

Es bleibt ihm nur völlige Hoffnungslosigkeit oder aber die Bereitschaft, sich an die größte Macht zu wenden und sich völlig in die Hand der göttlichen Weisheit zu geben.

In diesem Falle erliegt man weniger der Versuchung, sich zurückzuwenden und doch noch auf materielle Hilfe zu hoffen in dem Gedanken, daß es vielleicht doch noch ein Mittel gibt, das noch nicht entdeckt wurde, das man noch nicht erprobt hat. Die ganze Hoffnung richtet sich nun auf die geistige Welt, und ihre Macht wird diesem Menschen mehr und mehr bewußt.

Sicherlich ist es für jeden Menschen, der einem solchen endgültigen Urteil gegenübersteht, schwer, sein Glück zu erkennen und für die offensichtlich hoffnungslose Lage dankbar zu sein. Aber des Menschen äußerste Verzweiflung wird für Gott eine Gelegenheit zum Handeln.

Als meine Kollegen zu mir sagten: Du mußt deine Angelegenheiten in Ordnung bringen. Es besteht kaum Hoffnung, daß du einen zweiten Herzanfall lebend überstehst, befand ich mich in solch einer Lage äußerster Verzweiflung. Man konnte nichts mehr tun. Ich konnte mich nirgends hinwenden. Als ich jedoch aus einer anderen Quelle Hilfe suchte, bewegte ich mich auf unbekanntem Gebiet.

Bis hierher habe ich wohl Glauben gehabt, aber wie bei so vielen Menschen unserer Tage, die wissenschaftlich erzogen sind, war es nur ein Glaube an eine höhere Vernunft, die die Ordnung und Zuverlässigkeit der Naturgesetze entstehen ließ. Ich wußte wohl, daß hinter allem eine unwandelbare Macht und Intelligenz steht, aber mit dieser Macht war ich noch nie in vertraute Berührung gekommen. Erst als meine körperliche Not am größten war, begann ich, nach dieser Macht zu greifen. Ich fühlte instinktiv, daß sie in der geistigen Welt sein müsse.

Es war sehr schwer. Alles, was ich bisher versucht hatte, schien in einer Sackgasse zu enden. Ich kann nicht sagen, daß ich um Heilung gebetet hätte. Ich betete um Erlösung. Als ich zum erstenmal in meinem Leben — im übertragenen und wirklichen Sinne — auf die Knie sank, bat ich um Kontakt mit der Ordnung, die ich um mich herum fühlte. Ich brauchte ein sofortiges Bewußtwerden dieser höheren Vernunft, die für diese Ordnung verantwortlich ist. Ich wollte Trost und Liebe und das Gefühl, daß ich umhegt und umsorgt werde. Ob dieser Kontakt meinem Körper wieder Kraft und Leben zurückbringen oder ob er mich zu einer anderen Lebensform weiterführen würde, schien mir zu der Zeit nicht wichtig.

Ich hatte eine tiefe Empfindung davon, daß das Leben weitergehen wird. Der Träger meines Ichs mochte sich wandeln, aber das Leben selbst, das fühlte ich, würde weitergehen. Ich hatte die Empfindung, daß es unendlich sein wird — immer in Bewegung, ohne Stillstand. So lautete meine Bitte: „Nimm mich heraus aus diesem Leben, in dem alles so erbarmungswürdig festgefahren erscheint, und gib mir ein neues, in dem ich von vorn beginnen kann, oder entwirre auf eine Art und Weise, die jenseits meines Begreifens liegt, die Fäden, damit ich ganz neu beginnen kann.

Die darauf folgende Erleuchtung war so intensiv, daß ich noch Stunden danach kaum meiner Umgebung bewußt wurde. Ich hätte ebensogut irgendwo hingetragen werden können als in dem Zimmer zu verbleiben, das mir so vertraut war. Alle Hausbewohner waren diesen Tag und die Nacht über auswärts. Ich war ganz allein und ungestört. Nichts unterbrach das lange Schweigen und den fast bewußtlosen Zustand, in dem ich mich bemühte, zu der unbekannten Quelle der Kraft zu gelangen.

Als ich vor meinem Bett kniete und meine Blicke auf die gegenüberliegende Wand richtete, sah ich zuerst die Umrisse eines schwarzen Kreuzes. Es schien schrecklich schwarz, es war kein Licht in ihm. Als ich tastete und fragte, glühte das Kreuz auf. Es war kein Glühen, wie es von unseren Brennstoffen herkommt, es war keine Flamme. Ich erinnere mich, daß der Umriß des Kreuzes nie verschwommen war, wie das bei Flammen oft vorkommt. Nichts ging über den Rand hinaus, aber das Licht war von einem Weiß, das ich nicht beschreiben kann, denn es gibt nichts, das ich kenne, das so weiß wäre. Es leuchtete und lebte, aber es war kein Feuer und keine Flamme, wie wir sie kennen. Die Erleuchtung war nicht nur etwas Sichtbares. Die Verwandlung vom Dunkeln zum Licht ist für mich das Symbol geblieben für die Verwandlung, die mit der Bekehrung oder mit der körperlichen Genesung über die Menschen kommt. Es ist ein Wandel vom Negativen zum Positiven, ein Wandel von der Finsternis der Verzweiflung, Enttäuschung und Hilflosigkeit zur Offenbarung des Lichtes im Leben, zum Erfühlen der Wirklichkeit, des wahren Lebens, das hinter dem sichtbaren Leben liegt.

Ehe der Morgen kam, brachte ich es fertig, mich auf mein Bett zu werfen. Da blieb ich den ganzen Tag liegen. Ich wußte, ich war geheilt! Mehr noch, ich wußte, daß ich an etwas gerührt hatte, das mir Kraft geben würde — mir und anderen — allem zu begegnen, was mir und den anderen in Zukunft noch geschehen würde.

Ich wußte, daß ich den Rest meines Lebens Zeugnis geben würde, ein Zeugnis von jenem Licht und jener Kraft, die fähig waren, die Fäden zu entwirren, die ich durcheinandergebracht hatte, und sie wieder zu ordnen.

Kurz nach diesem Erlebnis beschlossen mein Mann und ich, den Sommer über nach England zu gehen. Zum erstenmal in meinem Leben ging ich ohne einen Pack Bücher unter dem Arm in die Ferien. Vorher hatte ich immer mit dem Eifer eines Entdeckers Bücher verschlungen, Vorlesungen besucht und war verschiedenen Lehrern gefolgt. Jetzt schwand das Gefühl der Notwendigkeit, von den Entdeckungen anderer zu lernen, und ich hatte kein Verlangen, irgendein Buch mitzunehmen oder einen neuen Lehrer oder Führer zu suchen. Solange wir in England waren, wuchs in mir das Verlangen nach dem Kontakt mit einer tieferen Quelle der Weisheit.

Nach unserer Rückkehr im Herbst zogen wir in ein ruhiges Wohnviertel von St. Louis um. Ich gab dem beständigen Drängen nach, alles aufzugeben in einem systematischen Suchen nach dem, was die östlichen Völker „SAMADHI" oder Schweigen nennen, in dem Suchen nach der Wirklichkeit, die ich in der Nacht berührt hatte, als ich geheilt wurde. Mit Ausnahme von einigen wenigen alten Freunden und Patienten verabredeten wir keine Besuche mit irgendeinem Menschen. Dadurch war es mir möglich, ein Leben der Betrachtung zu führen. Ich war überzeugt, daß ich das himmlische Reich finden müsse und daß alles andere folgen würde. „Trachtet am ersten ..." wurde für mich d a s Gebot. Offensichtlich war dieses Trachten wichtiger als alles andere.

Ich benützte die wenigen Wegweiser zu einem Leben der Besinnung, die ich nur finden konnte, und stellte ein Programm für mich auf, das ich absichtlich schwierig gestaltete, denn ich fand heraus, daß es mir nicht leicht fiel, für kürzere oder längere Zeit ganz still zu sein. Ich hatte ein außerordentlich geschäftiges, aktives Leben geführt, in dem ich oft den ganzen Tag über mit vielen Menschen zusammengekommen war. Ich wußte, daß es nicht leicht sein würde, aus dieser Lebensart herauszukommen und stille zu werden. Deshalb legte ich mir für jeden Tag vier Ruhepausen fest: 6 Uhr früh, 12 Uhr mittags, 6 Uhr abends und 12 Uhr Mitternacht, und ließ mich durch nichts von diesen Zeiten der inneren Sammlung abhalten.

Im Anfang war es schwer, um 6 Uhr früh aufzuwachen und dann auch wach zu bleiben. Immer stand ich auf und setzte mich auf einen Stuhl. Dadurch wurde es leichter, nicht mehr einzunicken. Schritt für Schritt gewöhnte sich mein Unterbewußtsein daran, daß ich um diese Zeit aufstehen wollte. Später konnte ich zu jeder Stunde aufstehen, die ich mir vorgenommen hatte.

Ich benützte für meine Meditationen immer dasselbe Zimmer und denselben Stuhl. Ich versuchte, die äußeren Bedingungen immer so gleichmäßig wie möglich zu halten. Erst konnte ich das Schweigen nicht länger als 5 oder 10 Minuten ertragen. Die Zeit dafür wurde jedoch immer länger, da ich nicht nachließ, und die Stille wurde tiefer und beglückender.

Die mittägliche Meditation fiel mir aus manchen Gründen schwer. Ich fand es nicht leicht, still zu sitzen, wenn die Kartoffeln anbrannten. Eine Freundin lebte damals bei uns, die das Kochen besorgte. Wenn sie die Kartoffeln zum Kochen aufsetzte und sie dann vergaß, konnte ich mich kaum beherrschen aufzustehen, um sie zu retten, wenn ich den brenzlichen Geruch wahrnahm. Dann sagen zu können: Es gibt noch mehr Kartoffeln und noch andere Kochtöpfe, aber nur ein Himmelreich; trachte du zuerst nach dem Himmelreich! — war eine wirkliche Zuchtübung!

Diese Art der Übung und Schulung ist nicht für jeden notwendig. Es gibt einige Menschen, die das nicht nötig haben. Aber für die Mehrzahl von uns ist sie notwendig. Das Wort „demütig", das Jesus in der Bergpredigt gebrauchte, ist von einigen Kennern der aramäischen Sprache mit „sanftmütig" übersetzt worden. Man kann es auch mit „geschult", „eingeübt" übersetzen. Die „Eingeübten" und die „Sanftmütigen" sind gesegnet; denn sie haben die Art der Zucht, die einen Jünger ausmacht. Jesus kannte diese Zucht und ihre Notwendigkeit. Er wußte, daß es für seine Jünger notwendig war, eine gewisse Gleichgültigkeit äußeren Dingen gegenüber zu entwickeln, um einen inneren Sinn zu erwecken, mit dem sie intensiv auf die Stimme der Führung hören konnten.

Die Ordnung der täglichen Meditation — um 6 Uhr früh, 12 Uhr mittags, 6 Uhr abends und 12 Uhr mitternachts — währte etwa zwei Jahre. Was sich während dieser zwei Jahre entwickelte, kann etwa wie folgt beschrieben werden: Die mittägliche Meditation diente dem Vergessen des niederen Selbst und der äußeren Umgebung. Die 6-Uhr-Abend-Meditation war in der Regel eine Zeit großen Friedens und großer Ruhe. Die mitternächtliche Meditation war eine Periode des Gewahrwerdens, das mit der Zeit zu einer Art neuer Empfindung anwuchs oder zu dem, was man am besten eine andere Art Bewußtsein nennen könnte.

In den Tagesmeditationen stellte ich häufig Fragen oder äußerte Einwände oder Zweifel. Diese wurden in der Nacht beantwortet. In der Morgenmeditation gab es einen Rückblick über das, was in der Nacht gehört und erlebt wurde. Es war mir möglich, diese Antworten — manchmal klar, manchmal weniger klar — in mein Bewußtsein zu rufen.

Ich hatte eine seltsame Folge von Träumen und anderen Erlebnissen, die man nicht Träume im gewöhnlichen

Sinne nennen kann. Es war mir, als seien es mehr Besuche, denn ich wurde im Schlaf jede Nacht immer an denselben Ort geführt. Ein Haupttraum war von anderen Träumen umrahmt, die kamen und gingen und nicht wichtig schienen.

Einen dieser untergeordneten Träume hatte ich nur gelegentlich. In diesem Traum stieg ich zu hochgelegenen Orten hinauf, um zu entdecken, daß mir mein Weg vor dem Gipfel versperrt wurde. Ich konnte auf der schroffen Seite einer Steilklippe hinaufklettern, um dann, oben angekommen, zu sehen, daß ein mächtiger Felsblock über meinen Kopf hinwegragte. Es war einfach unmöglich, an ihm rechts oder links vorbeizukommen. Das mögen die Rückstrahlungen meines unterbewußten Drängens zum Ziel hin gewesen sein. Ich erwähne das auch nur, um den Gegensatz zu dem zentralen, alles beherrschenden Bild zu zeigen, das ganz anders war. Es war nichts Traumartiges an dieser „Heimsuchung". Es war immer alles klar, einleuchtend, befriedigend.

Das Ziel des Besuches war immer dasselbe: ein kleiner Klostergarten. Die steinernen Mauern waren von Efeu überwachsen. In der Mitte stand eine weiße Marmorbank, von üppigem Graswuchs umgeben. Zur Linken lag ein altes Gebäude, das eine Kirche oder Kapelle sein mußte. Hinter mir lief eine weite Ebene in ein Vorgebirge aus, das alles überragte. Zur Rechten, dem Kirchlein gegenüber, befand sich eine schwere, hölzerne Tür mit schweren Riegeln und mit Eisenbändern verstärkt. Während der ganzen Zeit, in der ich den Garten besuchte, wurde diese Tür niemals geöffnet und ich war nie neugierig zu erfahren, was wohl dahinter liegen mochte.

Die Gestalt im Garten war immer dieselbe. Ich könnte nicht sagen, ob es ein Mann oder eine Frau war. Aber ich hatte eine Empfindung von Männlichkeit, die durch die edelsten weiblichen Züge verstärkt wurde. Die Gewänder waren sehr undeutlich. Nie sah ich etwas von der Gestalt oberhalb der Brust. Immer fiel mir die linke Hand auf. Sie war sehr ausdrucksvoll. An ihrem vierten Finger war ein schöner Ring, in dessen Mitte ich einen Skarabäus erkannte, obwohl ich mich nicht entsann, daß ich schon einmal einen gesehen hatte.

In diesem Garten wurden alle Fragen und Zweifel besprochen. Es werden auch noch andere Menschen dagewesen sein. Manchmal hatte ich das unbestimmte Gefühl, daß noch andere Lernende da waren, obwohl ich niemand sah, den ich erkennen oder genau ausmachen konnte. Aber ich hörte Fragen und Antworten. Ich kam am Morgen mit den Antworten zurück. Nach und nach, als ich in der Übung des Schweigens fortgeschritten war, konnte ich diese Unterhaltungen immer deutlicher hören. Manchmal waren sie meinem Bewußtsein so deutlich gegenwärtig, daß ich sie meinem Mann fast Wort für Wort erzählen konnte. Zeitweise erschienen sie mir so wirklichkeitsnah, daß ich zu ihm sagte: „Haben wir auf die Frage, die uns gestern beschäftigt hat, irgendwo eine Antwort gehört oder gelesen?" Er antwortete: „Nein, i c h habe nichts gehört." Dann wußte ich, daß ich sie „irgendwo anders", nicht hier, gehört hatte.

Es kam die Nacht, in der mich der Lehrer durch die weite Ebene hinter dem Garten führte. Wir gingen zu einem sehr hochgelegenen Ort, von dem aus wir die ganze Welt überblicken konnten. Wenigstens kam es mir so vor. Dort wurde mir viel gesagt. Dort habe ich jede Empfindung eines besonderen Nationalgefühls verloren. Ich wurde eins mit jedem Land der Welt. Ich wurde eins mit jeder Nationalität. Es war mehr als eine oberflächliche Umwandlung, denn ich kann aufrichtig sagen, daß ich heute absolut kein Gefühl der Verschiedenheit einem Neger, einem Chinesen, einem Japaner oder irgendeinem anderen Volk gegenüber habe.

Es war ein allmählicher Prozeß des Wachsens und Forschens. Ich machte keinen Bericht davon, ich machte nur wenige Notizen. Gegen Ende des zweiten Jahres nahmen meine Besuche im Klostergarten ein Ende. In einer Nacht, die ich dort verbracht hatte, wandte sich die Gestalt zu der Tür, die bisher nie geöffnet wurde. Die Hand mit dem Ring legte sich flach auf die Tür, die sich daraufhin langsam öffnete. Es wurde mir weder ein Wink noch ein Zeichen gegeben, und doch wußte ich, daß ich durch diese Tür hindurch mußte und daß ich nie mehr zurückkehren würde. Die Zeit meiner Unterweisung war vorüber.

Ich trat hinaus und fand mich an einem Ort von überwältigender Schönheit. Vor mir lag ein Garten voll blühender Pflanzen und Sträucher, mit Wegen, Hecken, Springbrunnen und Teichen. Den Duft dieses Gartens atme ich manchmal in den höchsten Augenblicken der Andacht ein. Er scheint das Zimmer wie kostbarer Weihrauch zu durchziehen. Ich wußte, daß ich für höhere Erkenntnisse reif geworden war. Das Wo oder Wie erkannte ich nicht, die Zeit war einfach da. Ich erkannte, daß mein ganzes Leben neu ausgerichtet und neu geordnet werden mußte. Und ich wußte, daß das Erlebnis schön und lohnend sein würde.

Durch einige frühere Erfahrungen hatte Wally, mein Mann, offensichtlich dieselbe Entwicklungsstufe wie ich erreicht. Ganz natürlich fand unser neues Wirken seinen Ausdruck im Heilen, da wir seit Jahren mit Menschen zusammenkamen, die gesundheitliche Probleme hatten. Es war unser ausgesprochener Wunsch, anderen Menschen zu helfen, indem wir ihre Leiden linderten.

Manchmal sagen wir von Menschen, daß sie die Gabe der Heilung in ihren Händen haben. Es wäre vielleicht richtiger zu sagen, daß ihre größere Hingabe es den heilenden Strömen von Gottes Macht leicht macht, durch sie hindurchzufließen. So gingen wir im Werk der Heilung von einem Schmerzenslager zum andern. Während wir beide beteten, legte Wally seine Hände auf die Kranken.

Seit wir diese neue Welt des Dienens betreten haben, ist es dreimal geschehen, daß ich den Einen deutlich fühlte, von dem ich wußte, daß Er größer ist als die Gestalt, die mich im Garten unterrichtet hat.

Das erstemal war ich in Unity Farm, wo ich eine liebe Freundin besucht habe, die den Sommer über in dem kleinen Haus wohnte, das die „Arche" genannt wurde. Dieses Haus ist noch zu Lebzeiten von Myrtle Fillmore gebaut worden. Sie hat darin gelebt und gearbeitet. Eines Morgens ging ich zu gewohnter Stunde früh durch die Vorhalle zu meiner Betrachtung ins Freie. Die Morgendämmerung brach gerade durch den rosigen Nebel. An diesem Morgen betete ich um eine bestimmte Führung. Ich betete darum, daß wir uns über alle Geschlechtsunterschiede erheben und mit Männern und Frauen als Kinder Gottes zusammenarbeiten könnten. Während ich betete, ging im grauen Nebel eine dunkelgraue Gestalt über den Steinboden der Vorhalle an mir vorbei und lächelte mir zu. Ich fühlte die Wärme seiner Liebe in diesem Lächeln und wußte, daß mein Gebet erhört worden war. Ein Gefühl tiefen Friedens und der Dankbarkeit kam über mich.

Als ich die Gestalt zum zweiten Mal sah, erkannte ich, daß es der Meister war. Wally und ich saßen am Krankenbett einer Frau, die hoffnungslos krank war. Als wir ankamen, schlug ihr Herz schon unregelmäßig und ihr Körper war so kalt, daß er schon stark verfärbt war. Ich wußte, daß sie dem Tode nahe war. Als wir so an ihrem Bett standen, betete ich: „Herr, wenn es einen Grund gibt, daß dieses Dein Kind weiterleben soll, oder wenn sie noch irgendetwas tun soll, bevor sie hinübergeht, komm in dieses Zimmer und sprich das Wort des Lebens!" Das Licht leuchtete auf und erfüllte das ganze Zimmer, als die Gestalt sich auf das Fußende des Bettes zu bewegte und erlosch dann wieder. Das Zimmer blieb so lange erleuchtet, wie wir beide knieten und dankten. Die Patientin begann leichter zu atmen, ihre Lippen bekamen wieder Farbe, sie fiel in einen natürlichen Schlaf. Wir wußten, sie war geheilt und würde leben.

Zum Erstaunen aller, die sie gepflegt hatten, stand sie nach einigen Tagen auf und erklärte, daß sie eine Reise nach Chicago machen müsse. Später hörten wir, daß dort ihre Tochter lebte, von der sie sich seit 15 Jahren entfremdet hatte. Offensichtlich belastete diese Trennung ihr Gewissen. Sie ging nach Chicago und versöhnte sich mit ihrer Tochter. Einige Wochen nach ihrer Rückkehr verschied sie still während des Schlafes, ohne daß sie krank gewesen wäre und ohne ein Anzeichen von Schmerz.

Beim dritten Male, als ich mir seiner Gegenwart bewußt wurde, war ich im Andachtsraum unseres Hauses, in dem wir jeden Sonntagmorgen eine Quäkerandacht hielten. Es gibt lange Zeiten des Schweigens in diesen Andachten. Ich war nicht allein: Mein Schweigen wurde durch die Liebe, das Gebet und den Glauben der anderen andächtigen Menschen vertieft. An einem Sonntagmorgen kam eine Frau, die kurz zuvor ihren Mann verloren hatte, zum ersten Mal zur Andacht. Sie war, wie ihr verstorbener Mann, ungläubig. Da sie also den Glauben nicht hatte, auf den sie sich hätte stützen können, fühlte sie sich nach dem Tode ihres Mannes völlig verlassen.

An diesem Morgen nun sah sie ergreifend verloren aus. Sie nahm im Andachtsraum Platz, und wir saßen schweigend. Während dieser Stille war ich mir mit geschlossenen Augen bewußt, daß der Meister unter der Tür stand, diesmal sehr groß, so daß er fast die Decke berührte. Er schien der kummervollen Frau zu sagen: „Sei getrost!"

Nach der Andacht sprach ich mit ihr: „Etwas Wunderbares ist heute morgen hier geschehen, eine Versicherung für Sie, daß Sie guten Mutes sein können!"

„Ja", sagte sie leise, „ich weiß." Dann, indem sie mich voll anschaute: „Haben Sie auch etwas gesehen?" „Ja", sagte ich zu ihr.

„Wo haben Sie ihn gesehen?" fragte sie nochmals mit flüsternder Stimme. Sie war tief bewegt.

„Dort unter der Tür", antwortete ich und zeigte auf die Tür zum Vorzimmer. Sie fragte nicht, was ich gesehen habe und fuhr fort, wie wenn ich es wüßte: „Mein Mann stand dort und sprach mir zu. Er sagte, ich solle mich mit keiner Frage mehr quälen, keinen Zweifel und keinen Kummer mehr haben, alles wäre gut."

Wir durften beide jeweils nur eine Gestalt sehen, obwohl in Wirklichkeit zwei da waren. Während die Witwe nur ihren Mann gesehen hat, war es mir vergönnt, nicht den Mann, sondern bei ihm und ihn überstrahlend die Gestalt des Meisters selbst zu sehen, der uns beiden die gleiche Botschaft des Trostes und der Freude gegeben hat.

Wir dürfen sagen, daß seitdem fast ständig ein Hauch seiner Gegenwart um uns ist. Selten sitzen wir in der Andacht zusammen, ohne daß wir die tatsächliche Gegenwart Jesu neben uns fühlen. Durch das leuchtende Licht und die erlösende Liebe Jesu kommt immer wieder Heilung zustande. Durch seine Führung, die unser nach innen horchendes, geübtes Ohr beeinflußt, kommen uns die Worte, die zu einem jeden reden, dem wir helfen wollen. So wird ihnen Antwort und Verheißung, die Trost und Heilung spenden.

Betrachtung

Wir möchten gerne davon überzeugt werden, daß wir immer in einem höheren Bewußtsein leben können und doch fortfahren, in der Welt zu leben, ihre Gesetze zu befolgen, doch nicht durch sie gebunden sein. Denn wir können nach höheren Gesetzen handeln, über welche die Gesetze der niedrigeren Welt keine Macht haben.

Wenn wir zu jener Geisteshaltung kommen, die in Jesus Christus war, können wir erfahren, daß wir eins sind mit dem himmlischen Vater. Es handelt sich nicht darum, daß wir hinaufgreifen oder etwas herunterholen sollen, daß wir Gott bitten, uns etwas zu geben oder etwas für uns zu tun, es handelt sich nur um das Wissen, daß wir mit Ihm absolut eins sind — daß das Leben, das in uns ist, alles ist und daß die Liebe, die in uns ist, überall ist. Wir sind diejenigen, die die Trennung vollziehen, wenn wir nicht glauben, daß wir mit Gott eins sind.

Wenn wir uns verloren oder verwirrt, schwach oder unglücklich fühlen und wenn uns Zweifel überfallen, wollen wir auf jene bejahende Erkenntnis zurückgreifen: „Ich bin eins mit dem himmlischen Vater — ich bin eins mit der

Vollkommenheit im Universum." Alles, was wir sein wollen, ist. Was hindert uns also daran, es zu zeigen? Nur der alte angewöhnte Glauben und die furchtsame Ansicht, daß wir es doch nicht schaffen werden. Fürchten wir, daß dieser Strom für uns zu stark sein, daß er uns schaden könnte?

Komm in das Christus-Wesen und finde da die Kraft, all die Macht zu tragen, die uns gegeben werden kann! Gewohnheitsmäßig denken wir in Begriffen von ICH, MIR, MEIN und was wir tun oder nicht tun können. Ersetze diese Gedanken an das kleine Ich durch die Wahrheit, daß wir eins sind mit Gott. „Laß daher die Gesinnung in dir sein, die in Jesus war", bis du sagen kannst: „Ich vermag alles durch Jesus Christus."

„Mich umschließt Gottes Rüstung und nichts kann mich anrühren."

„Ich bin stark im Herrn und in der Macht seiner Stärke." Wir werden fortfahren zu schwanken, bis wir uns diese Gedanken zu eigen gemacht haben, aber erst wenn sie durch unser Unterbewußtsein und unser Bewußtsein aufgenommen wurden, gibt es für uns kein Auf und Ab, kein Heraus- und Wiederhineinfallen, kein Himmelhochjauchzen und dann Zutodebetrübtsein mehr; dann sind wir zum Pfeiler im Tempel Gottes geworden und werden nicht mehr davongehen. Dann können wir vor den Pilatussen unserer Tage stehen und sagen: „Ich bin gekommen, um die Wahrheit zu sprechen und von ihr Zeugnis abzulegen." Wir können das Gelächter der Intellektuellen hören, die da fragen: „Was ist Wahrheit?" Wir können vor der aufgewühlten Volksmenge stehen, die da schreit: „Er lästert Gott! Er sagt, er sei Gott! Kreuzige ihn!"

O Meister, wir möchten uns gern mit Dir wieder und wieder kreuzigen lassen; wir bringen uns dar auf dem Altar Deines Lebens und Deiner Liebe.

Die Entwicklung des Christentums:

Die Geburt
Die Taufe
Die Wüste
Die nächtliche Seefahrt

Weihnachten 1951

Wie stille, ach wie stille
ward uns die Wundergabe!
So gibt Gott unsren Herzen
den Segen seiner Gnade.
O heilges Kind von Bethlehem,
wir flehen: Komm zu uns!
Nimm fort die Sünd', tritt ein
und werd' gebor'n in uns!

Die Geburt

Es ist gut, stille zu sein heute Abend, hier in Laguna am Meer, so stille wie Maria es war in den Wehen der wunderbarsten Geburt der Menschheitsgeschichte. Ihr alle, die ihr in dieser Nacht leidet, die ihr euch verloren und verwirrt fühlt, „weil ihr keinen Raum finden könnt in der Herberge", hört diese frohe Botschaft: Etwas wird in Dir geboren werden in dieser heiligen Nacht, o Kind des lebendigen Gottes, das einst von allen Menschen erkannt werden wird.

Etwas wird in dir geboren werden und dieses Etwas ist die Erkenntnis, daß du eins bist mit deinem himmlischen Vater.

Sinne oft darüber nach wie Maria über das Leben nachsann, das in ihr geboren werden sollte, und Christus wird auch in dir geboren werden.

Eins zu sein mit dem Vater, war Jesu Gebet für uns alle,

nicht nur geliebt zu werden vom Vater, sondern eins zu sein mit Ihm. Versuche, Gott in jeder Zelle deines Körpers zu spüren, so wie du das Leben in diesem Augenblick in dir spürst.

Ganz gleich, wie schwach, wie entmutigt, wie müde oder verwirrt du auch bist — du weißt, daß du lebst! Dieses Leben in dir ist der lebendige Gott. Um mehr von Gottes Leben zu haben, mußt du jedes Denken ablegen, das dich von dieser Einheit trennt, mußt dich zum Kind des lebendigen Gottes erklären und so die Einheit mit der Quelle allen Lebens herstellen.

Es gibt nur eine Sünde, ihr Lieben; von ihr stammen alle anderen. Diese eine Sünde ist der Glaube, daß ihr von Gott getrennt seid. Von dem Augenblick an, wo ihr das Gefühl der absoluten Einheit mit Gott, eurem Vater verliert, seid ihr außerhalb der Harmonie. Die Disharmonie kommt zum Vorschein, und aus ihr entstehen Unruhe und Mißstimmung. Kehrt zur Einheit zurück und Harmonie und Frieden kommen wieder und bringen Glück und Gesundheit für Körper und Geist.

Sich darüber Gedanken zu machen, was nicht in Ordnung sei, sich mit den Umständen dieser Welt zu befassen heißt: sich vom Leben und von Gott trennen. „Eng ist die Pforte und schmal ist der Weg" deuten an, daß die Gedanken nicht scharenweise durch die heilige Pforte hindurch können. Die meisten Gedanken befassen sich damit, was wohl geschehen wird, wenn das Schlimmste eintreten sollte. Der Gedanke — das Auge des Geistes — muß ein-fältig sein. Alle Gedanken, die nichts mit dem Guten — mit Gott — zu tun haben, müssen ausgeschlossen werden, bis das Kind geboren ist.

Selbst dann kommen nur die, die einfältig und reinen Herzens sind, um zu loben und anzubeten, nämlich die Engel, die Hirten und die Weisen. Die Schergen des Herodes können das Eine nicht finden, das sie suchen. Sie gehen vorbei. Das Kind muß eine Zeitlang verborgen werden. Offenbare dein Christus-Wesen nicht zu früh, sonst werden die Mächte des Bösen es zerstören und vernichten. Wenn ihr ein tiefes religiöses Erlebnis gehabt habt, hütet es sorgfältig. Sprecht zu niemandem davon als zu den Engeln, den Königen des Geistes oder zu jenen, die voller Weisheit Gottes sind.

Nach Ägypten fliehen heißt: einer Gefahr entrinnen, aber einer anderen begegnen. Ägypten ist das Land der Finsternis, das Heim des Negativen. Hier muß das göttliche Kind vor Zweifeln und Verleugnungen geschützt werden, bis es stark und seiner selbst sicher ist. Nur dann kann es im Sinne seines Vaters wirken. Doch es darf nicht zu lange warten. Die Glut der neugewonnenen Wahrheit muß noch in ihm sein, so daß die Gedanken der erwachsenen Geister es nicht beunruhigen können. Die Begeisterung der Jugend muß seinen Geist befeuern, damit es allen Widerständen begegnen kann und vom Wert der Wahrheit überzeugt ist, die es weitergeben muß.

Der junge Jesus geht in den Tempel, damit er mit den Ältesten zusammensein und ihnen Fragen stellen kann, die einige Probleme klären sollen, die er in seinem Herzen bewegt, damit er darüber nachdenken und sie in Einklang bringen kann mit dem, was ihm richtig erscheint. Aber er darf es seinen Eltern und Verwandten vorher nicht sagen, daß er in den Tempel gehen und mit diesen hervorragenden Männern reden wolle. Wenn er es ihnen sagte, würden sie ihm antworten, daß er so etwas nicht tun dürfe und würden darauf bestehen, daß er mit ihnen nach Hause komme. So muß er sie gehen und sie der Sorge und Unruhe überlassen, als sie ihn nicht in der Begleitung derer finden, bei denen sie ihn vermutet hatten.

Du kannst ihnen nichts erklären. Deine Lieben mögen tief beunruhigt sein durch dein Verhalten an diesem Punkt deiner Entwicklung. Sie werden, wenn du mit ihnen sprichst, versuchen, dir deine Gedanken auszureden, denn sie sind nicht in „ihres Vaters Werk" in dem Sinne, wie du es bist. Aber du mußt hingehen und die Fragen stellen, die gestellt werden müssen, und die Antworten erhalten, damit du sie in deinem Herzen weiterbewegen kannst. Nachdem du deine drei Tage im Tempel zugebracht hast, kehrst du wieder heim und „bist deinen Eltern untertan". Aber was du gehört hast, behältst du für dich und bewegst alles in deinem Herzen. Auf diese Weise reift das Christus-Wesen heran und wartet auf des Vaters Anerkennung und die erste Taufe.

Die Taufe

Der nächste Schritt der Einweihung geschieht in der Begegnung mit Johannes dem Täufer, der Buße predigte und das Kommen des Reiches Gottes verkündete. Johannes wurde von vielen für den wiedergekehrten Elias gehalten. Jesus sagte von ihm: „Und so ihrs wollt annehmen: Er ist der Elia, der da kommen soll." (Matth. 11, 14)

Bis zu dieser Zeit hatten alle Propheten dieselben Methoden bei den moralischen Lehren angewendet, um die Menschen zum Guten zu zwingen: sie haben in lebhaften Bildern die Strafe geschildert, die sie erwarte, wenn sie diese Lehre nicht annähmen. Sie versuchten die Menschen durch Macht oder durch die Gewalt der Furcht in den Himmel zu bringen.

Die meisten von ihnen waren wie Johannes der Täufer Asketen, die sich selbst alle Freuden versagten, weil sie davon überzeugt waren, daß sie ihre Wünsche und Leidenschaften sonst nicht beherrschen könnten. Die fanatischeren unter ihnen verboten allen Menschen solche Freuden aus dem gleichen Grunde. Für den Absolutisten ist das immer eine Frage des „Entweder-Oder". Wenn man versucht, die Menschen gut zu machen, ohne ihnen einen einleuchtenden Grund dafür anzugeben, weshalb sie gut werden sollen, führt das zu gefährlichen Verdrängungen des Instinkts und zum Widerstreit in uns, was Paulus in Römer 7, 19 bekennt: „Denn das Gute, das ich will, das tue ich nicht; sondern das Böse, das ich nicht will, das tue ich." Es ist fraglich, ob Johannes je zu einer Hochzeitsfeier gegangen wäre oder jemals Wein auch nur gekostet hätte.

Als Jesu Jünger müssen wir Christi Art der Beherrschung lernen, die nicht in der Unterdrückung, sondern im Verstehen und der Befreiung besteht. Wir lernen, die Naturtriebe zu meistern, wenn wir das negative Denken und unsere Gefühlserregungen beherrschen. Wir lernen unsere Gereiztheit, unser Temperament, unsere Empfindungen des Neides, des Gekränktseins, der Auflehnung und der Eifersucht zu unterdrücken. Wir verwandeln sie durch Gottes Gnade und die Hilfe Jesu Christi. Wir lernen es, den Meister zu bitten, zu uns zu kommen und uns zu helfen, eine Gewohnheit dadurch zu besiegen, daß wir sie durch eine bessere ersetzen. Wir tun das, wenn wir unsere Wünsche und Leidenschaften ablegen wollen.

Aber es gibt noch andere, aus dem Unterbewußtsein stammende, vererbte Erfahrungen der Vergangenheit, über die wir nicht so leicht klarwerden können. Das erreicht man erst nach tieferer Erforschung. Die Ursprünge reichen weit zurück. Es sind die Instinkte der Ablehnung, wie sie die Tiere, Vögel und Kinder haben. Darunter fällt auch der Instinkt, alles das auszuschließen, ja zu mißhandeln, was anders ist als wir. Das häßliche Entlein ist anders als die Enten um es herum. Das schwarze Schaf steht deutlich abgesondert von der Herde. Die Gruppe fühlt diesen Unterschied, lehnt sie ab, fürchtet sie und versucht in ihrer Furcht, sie auszurotten. Die Grausamkeit, die sie dabei zeigt, ist nicht ein Ausdruck des Bösen, sondern Ausdruck eines negativen Gefühls. Wir neigen dazu, das zu fürchten, was wir nicht verstehen und das zu zerstören, von dem wir fürchten, daß es uns schaden könne. Das ist der schlimme Kreislauf des Bösen.

Das verkrüppelte oder behinderte Kind ist anders. Das Kind mit einer anderen Hautfarbe steht abseits. Selbst ein Kind, das anders gekleidet ist, steht in einer Gruppe oft abseits von den anderen Kindern. Solange wir wachsen, nehmen wir diesen Instinkt, das Andersartige abzulehnen, auf, und neigen dazu, es zu fürchten. Wir müssen nicht allein das individuelle Ich besiegen, das kleine individuelle Ich, sondern auch das kollektive Ich überwinden, das nationale Ich und das politische, das Begierden-Ich und das der Hautfarbe und Kaste. Dieses Überwinden muß sich vom Individuum zur Gruppe ausweiten, und die Gruppe muß schließlich um ihrer eigenen Sicherheit und um ihres Glükkes willen lernen, wie sie diese Instinkte, die so alt wie das Leben selbst und so tief wie die Zeit sind, in ihr Verständnis einbauen kann.

Langsam aber sicher müssen wir unser Bewußtsein erweitern, das einschließen, was wir nicht gern haben, so daß wir es besser verstehen und ihm mit Einsicht und nicht mit Vorurteilen begegnen können. Wir alle haben dunkle Schatten in uns. Wir müssen diesen Teil in uns erlösen, indem wir ihn erziehen und ihn zu etwas Höherem entwickeln; dann müssen wir diesen Prozeß an den Dingen wiederholen, die uns an anderen mißfallen.

Jesus lehrte, daß wir unsere Feinde lieben sollen, jene lieben sollen, die uns verfolgen und ausnützen, die alle möglichen Unwahrheiten und Schlechtes reden, um uns zu schaden. Er sagte, es sei nicht genug, nur die zu lieben, die so sind wie wir. Das würden die Zöllner auch tun. Jeder Sünder könne das tun. Die Verbrecher schließen sich zusammen. Gleiches gesellt sich zu Gleichem, um sich stark zu machen. Aber wenn du die liebst, die etwas tun, was du nicht gern hast, wenn du die lieben kannst, die etwas tun, was du fürchtest, dann hast du dein eigenes Ich ausgeweitet und dein Bewußtsein hinaufentwickelt, so daß du all die anderen mit aufnehmen kannst und sie in deiner verstehenden Liebe erlöst.

Jesus sagte „Liebet eure Feinde". Gandhi entfaltete dieses Wort in sich zur höchsten Potenz. Infolge der gleichen Weite seines Bewußtseins konnte er sagen: „Ich habe keine Feinde". Wenn es niemand gibt, den du nicht leiden kannst oder den du fürchtest, wenn es niemand gibt, mit dem du nicht zusammenleben kannst, wenn es niemand gibt, den du nicht verstehen und lieben kannst, wenn deine Liebe allumfassend wird, dann hast du keine Feinde. In dieser Christusgesinnung kannst du sagen: „Vater, vergib ihnen, denn sie wissen nicht, was sie tun."

Die Wüste

Von den Jahren zwischen dem Erlebnis im Tempel und der Mannesreife Jesu haben wir keinen Bericht. Es ist eine lange Zeit des Wachsens nötig, in der die Saat sich in das Leben gestaltet, durch welches sie sichtbar wird. Es mag lange Perioden geben, in denen sich nichts zu ereignen scheint, und in denen sich kein äußerer, sichtbarer Fortschritt abzeichnet. Aber du kannst sicher sein, daß das Leben niemals stehen bleibt und daß das Wachstum, wenn auch unsichtbar, weitergeht.

Vielleicht warst du einige Zeit auf dem Weg, nahmst das Leben ernst und führtest ein Leben des Gebetes und der Betrachtung. Aber dann magst du wohl zu dem Punkt gekommen sein, wo du dich gefragt hast, ob du überhaupt wächst. Es kommt dir so vor, als würdest du auf der Stelle treten, als würdest du immer die gleichen Bewegungen machen, aber doch nicht vorwärtskommen. Es gibt oft Zeiten der Erforschung und der Prüfung.

Unsere Jüngerschaft beginnt mit der Taufe des Heiligen Geistes. In diesem hohen Augenblick erkennen wir das Christus-Wesen in uns durch ein besonderes Wort oder Zeichen. Wir sind durch Johannes den Täufer getauft, durch die Stimme, die uns aus unserer Wüste herausruft, um die Wege des Herrn zu ebnen. Aber Johannes weiß, daß er nicht würdig ist, die Schuhriemen des Christuswesens zu lösen und zögert, die heilige Handlung zu vollziehen, weil er fühlt, daß eher er getauft werden müsse. Johannes weiß, daß die Taufe nur der erste Schritt zur Jüngerschaft ist und nur ein Symbol für den Eintritt in ein höheres Leben, in dem die vom Verstand anerkannten Wahrheiten nur eine untergeordnete Rolle spielen können.

Es scheint wahr zu sein, daß jeder von uns nach der Taufe mit dem Heiligen Geist eine Periode der Wüste erleben muß. Manchmal ist es nötig, sich eine Zeitlang vom aktiven Leben zurückzuziehen, um manche Hindernisse, die tief in unserem Bewußtsein sitzen, ausräumen zu können. Es scheint notwendig, den Versuchungen ins Auge zu sehen und die Fragen zu beantworten: arbeiten wir wirklich nur für Gott? Lauert nicht irgendwo ein eigensüchtiger Wunsch nach einem sicheren Platz, einer Position, nach Macht? Suchen wir das Rampenlicht? Die Versuchungen sind oft subtil. Sind wir willig, den geringsten Platz, die unbedeutendste, unscheinbarste Stellung einzunehmen? Sind wir bereit, die niedrigsten Dienste zu verrichten? Was suchen wir letzten Endes? Alle diese Fragen kommen in der Wüsten-Periode auf uns zu.

Alle Mystiker und Heiligen sind durch diese Wüstenerfahrung hindurchgegangen und jeder mußte seine Antwort geben. Willst du ein Wunder? Willst du Steine in Brot verwandeln? Oder ist dir bewußt, daß du, du selbst das Brot werden mußt, daß Jesus dich bittet, seine Schafe zu füttern? Wirst du sie füttern? Wenn du, du selbst nicht voll des himmlischen Mannas bist, kannst du da das Brot des Lebens geben? Das ist die erste Versuchung.

Möchtest du das Leben anderer Menschen ändern durch deine beherrschende Persönlichkeit? Strebst du begierig nach überragender Führerschaft? Die Versuchung kommt an jeden, die Kräfte, die ihm gegeben sind, dazu zu benützen, um sich ins Scheinwerferlicht zu stellen, als ein Führer, der den Beifall der Welt sucht. Solltest du das tun, wirst du nur den Lohn der Welt davon haben. Ist diese Anerkennung groß genug, oder suchst du eine höhere? So geht die zweite Versuchung vorbei.

Und die andere Versuchung kommt uns in dem Verlangen, etwas ganz Besonderes zu tun. Der Teufel sagt: wenn du von diesem Felsen herabspringst, wirst du behütet werden, und die Menschen werden dann wissen, daß du etwas Besonderes bist. Wenn du wunderbare Heilungen vollbringst, werden die Menschen sagen, daß du ein „Erwählter“ bist. Und wieder wirst du sagen: Wenn ich es dafür tue, werde ich diese Kraft verlieren, aber wenn ich es zur Ehre Gottes tue, dann komme ich dahin, daß ich Niederlage oder Erfolg mit demselben Gleichmut hinnehmen kann.

Denn, nicht wahr, wir alle kommen einmal in solche Lagen. Angenommen, du betest, sprichst die Worte der Heilung in vollem Glauben — und der Patient stirbt doch. Wenn du dir daraus auch nur den kleinsten Vorwurf machst, bedeutet das, daß du es dir zum Verdienst angerechnet hättest, wenn das Gegenteil eingetreten wäre. Es steht uns nicht zu zu sagen, daß wir Erfolg haben oder nicht, oder zu denken, daß unser kleines Ich dabei wichtig ist. Wir sind nur Werkzeuge einer Kraft, die größer ist als wir. Selbst Jesus sagte: „Ich vermag nichts aus mir selbst. Der Vater tut das Werk." Wir können wünschen und darum beten, daß wir breitere Kanäle und bessere Werkzeuge der göttlichen Kraft werden, aber das darf nie mit dem Gefühl des persönlichen Erfolgs oder Mißerfolgs verbunden sein.

Wenn wir bei unserem Aufbruch zu einem höheren Weg nicht zuerst diese Erfahrung der Wüste hatten, könnten wir leicht den Boden unter den Füßen verlieren. Nur in der Periode des Wüstenaufenthaltes, dieser Zeit der Zurückgezogenheit, der Betrachtung und durch viel Gebet erlangen wir unser Gleichmaß und finden unseren Ankerplatz. Wenn wir von nun an zu einem Punkt kommen, wo der Weg steinig und der Boden unsicher wird, brauchen wir nicht mehr anzuhalten, um zu unserem Gleichmaß zurückzufinden, dann sehen wir klar und können sicher weitergehen.

Die nächtliche Seefahrt

Von der nächtlichen Seefahrt wird in fast allen religiösen Schriften der Weltgeschichte gesprochen. In den Mythen der nordischen Völker, der Phönizier und der Griechen liest man von der finsteren Nacht der Seele. Es ist ein weiterer Abschnitt der Einweihung, wenn die Jünger in die Tiefe hinunter und durch schreckliche Erfahrungen gehen müssen, in denen alles um sie her dunkel scheint und sie ihren Weg nicht mehr erkennen können. Sie rufen und rufen — und niemand antwortet. Sie beten und beten — aber es wird nicht Licht.

Die Jünger im Boot werden in der dunklen Nacht und im Sturm geprüft. Jesus ist bei ihnen, aber Er schläft. Gott ist da, aber Er sendet kein Licht. Die Jünger fühlen, daß sie Hilfe brauchen und suchen diese Hilfe von außen. Sie sind sich noch nicht des Christus-Wesens in sich bewußt. Sie bestehen die Prüfung nicht, werden von Panik ergriffen und wecken den Herrn. Er tadelt sie: „O ihr Kleingläubigen!"

Viele von uns haben diese schlimme Zeit erlebt, in der sie sich allein in einem Boot wähnten und hin und her geworfen wurden, eine Zeit, in der es schien, als wäre uns jeder Halt unter den Füßen weggezogen worden. Die Dinge, die wir am meisten schätzten, die Dinge, die wir für unerschütterlich hielten, wurden hinweggespült. Wir waren im Sturm auf dem Meer. Alles war finster, und es schien, als ob der Meister schliefe. Selbst Gott schien unseren Ruf nicht zu hören. Das ist die Prüfung. Edward Howard Griggs sagte uns einst, das sei der wahre Beweis der Reife des menschlichen Geistes, wenn wir fähig wären, mitten im Dunkeln so zu handeln, als wäre alles um uns lichterfüllt. Auch das Wissen, daß trotz allem, was geschieht, das was wir tun, das Beste ist, was wir tun können, und wenn wir fest dabei bleiben, ausharren und in absolutem Vertrauen warten, sei ein Zeichen der Reife.

Es muß die Zeit kommen, in der wir auch allein stehen können, wenn der Herr nicht gerade da ist, um jeden Schritt zu leiten, wenn es scheint, als habe sich Gott zurückgezogen und schweige. Dann muß das Wort Fleisch werden, muß das Wort in uns sein, wir müssen es kennen, müssen still und furchtlos, absolut sicher sein und warten. Dann kommt das Licht, und wir sehen unseren Weg.

„Und ich sagte zu dem Manne, der am Tor des Jahres stand: Gib mir ein Licht, damit ich sicher in das Unbekannte treten kann!" Und er antwortete: „Gehe hinaus ins Dunkle, und lege deine Hand in die Hand Gottes! Das wird besser für dich sein als ein Licht und sicherer als ein bekannter Weg." [1]

Wenn deine Hand in Gottes Hand ruht, ist das Wort Gottes in deinem Körper. Das Licht Gottes ist in dir und du brauchst es nicht mehr außen zu suchen. Gottes Licht ist in dir und du kennst deinen eigenen und den Weg der Anderen.

Wenn das geschehen ist, bekommst du Gemeinschaft mit Gott, jene Gemeinschaft, die Jesus uns als Erbteil verheißen hat, wenn wir nach seinem Gebot leben. Er sagte uns, wenn wir in der Zucht des Herrn leben, würden wir Miterben der Schöpfungskraft Gottes werden. Wenn diese Zeit kommt, wird das Wort in uns und durch uns gesprochen. Alles, was wir außen gesucht haben, finden wir in unserem Innern. Wir werden das Licht, das uns und all denen leuchtet, die im Finstern leben. Das ist das Licht, das in allen Menschen sein sollte, die in die Welt kommen.

Das ist fortgeschrittene Jüngerschaft. Wenn wir sie erreicht haben, werden wir Jesu Mitarbeiter und arbeiten mit Ihm, wie Er mit dem Vater wirkte. Wir lieben einander, wie Er uns liebte und vom Vater geliebt wurde. Wir anerkennen ihn als unseren Freund, aber wir möchten, daß Er **uns** seine Freunde nennt und uns alles sagen kann. Wir möchten seine Diener sein, aber auch seine Freunde; denn der Meister kann seinen Dienern nicht alles sagen, aber er wird seinen Freunden alle die tiefen Dinge sagen und ihnen alle die Geheimnisse enthüllen, die er ihnen vorher weder zeigen noch sagen konnte.

Wenn wir in dieser letzten Prüfung unser niedriges Selbst gekreuzigt haben, ist das Christuswesen in uns erstanden mit all seiner Fülle und Macht. Es ist dieses auferstandene Christuswesen, das nun Seite an Seite mit dem Meister zu neuen Abschnitten des Lebens im Geist vorwärtsschreitet und andere führt, die auch bereit sind und darauf warten, die Prüfung zu bestehen.

[1] Aus: „Das Tor des Jahres" von M. Louise Haskins.

Jene unter uns, die zu dieser Führerrolle fortgeschritten sind, müssen ein Wort der Warnung an **die** richten, die gerade durch die Zeit der Reife gehen: „Verschwendet sie nicht, vergeudet sie nicht"; denn in einer Zeit der Krise, in der die Seele die große Prüfung bestehen soll, ist es oft nötig zu fasten. Dieses Fasten bedeutet, daß du nicht zu jemandem gehen und ihn um Teilnahme bitten kannst. Solltest du in diesem entscheidenden Augenblick dein Haupt auf eines anderen Schulter legen als Stütze, hast du die Prüfung nicht bestanden.

Nur wenn du sie allein durchschreiten kannst, wenn du in der Finsternis stehst, als wäre alles um dich her Licht, dann kommst du zu deinem Preis. Daher ist es wichtig, daß die Helfenden wissen, wenn es angebracht ist, zuzuhören und wenn es falsch ist, zu einer Aussprache zu ermuntern, die gerade den Erfolg der Lehre unmöglich machen würde, den du mit ihr zu erzielen versuchst.

So lernen wir es, weniger zu sprechen und mehr zu beten, weniger Ratschläge zu geben und mehr vorzuleben. Wir lernen es, anderen zu helfen, daß sie allein stehen und sich nicht anlehnen, daß sie selber wachsen und nicht abhängig sind, daß sie sich um Sicherheit und Führung immer an die eine stete Hilfe wenden, nämlich an den Heiligen Geist, an den Geist der Wahrheit, an den Tröster, den Jesus uns hinterließ. Wir gewinnen die Erkenntnis des Heiligen Geistes, wenn wir die nächtliche Seefahrt allein bestehen und nicht um Hilfe rufen. Wenn wir diese Prüfung bestehen, treten wir sieghaft hinaus in den Auferstehungsmorgen.

Meditation

Warst du da an jenem Tag, als die Kunde durch unser Dorf ging, daß Jesus von Nazareth durch das Dorf kommen würde?

Wir hatten gerade am vorigen Tag am Brunnen von Ihm gesprochen und uns gefragt, ob wir wohl je die Gelegenheit haben würden, Ihn zu sehen und zu hören. Jetzt würden wir Ihm also begegnen, wenn Er durch unser Dorf kommt. Die Luft war voller Erregung, als die Gemeinde durch die wunderbare Nachricht aufgescheucht wurde. Noch hielten wir uns zurück in zwiespältigen Gefühlen von Verlangen und Zweifel: Würden wir enttäuscht werden?

Einige, die eine ganze Tagereise gemacht hatten, um Johannes den Täufer zu hören, waren ohne Glanz auf ihrem Gesicht und ohne federnde Kraft in ihrem Schritt zurückgekommen. Würde sich die Anstrengung lohnen, diesen Einen hier zu hören? Einige sagten, Er sei der langersehnte Messias, während andere nach Beweisen riefen und sagten, die Tatsachen sprächen alle gegen Ihn. Doch wieder andere verbreiteten das Wort, daß dieser Mann anders sei als Johannes der Täufer, und daß auch seine Lehre anders sei als die irgendeines Lehrers, auch der Lehrer in Jerusalem. Er habe viele geheilt und jene, die Ihn gesehen und gehört hätten, schienen von einem göttlichen Feuer entzündet, das ihr ganzes Wesen verändert hätte.

Ja, wir würden also gehen. Wir ließen den Herd ungefegt, die Bank ungescheuert, die Geräte in Garten und Feld ungesäubert, die Boote an Land gezogen mit den trocknenden Netzen über Bord gehängt und eilten mit der sich sammelnden Menge den Hügel hinauf, wo schon viele auf dem Felsen saßen. Wir hielten eine Weile still und hörten den Leuten über uns zu, die sich über das besprachen, was sie gehört hatten — einige voller Glauben und Begeisterung — andere fragend und nachdenklich. Es war so friedlich in der sonnigen Stille der Landschaft, und wir fielen in eine Art Halbtraum, in dem sich unsere Seelen in schüchternem Sehnen auszustrecken schienen, um dem Einen zu begegnen, der da kommen sollte.

Plötzlich brachten uns die Rufe der aufgestellten Wächter oben am Hügel wieder in die Gegenwart zurück. Wir sahen sie über den Kamm kommen, die kleine Schar ärmlich gekleideter, alltäglicher Menschen, Arbeiter, Fischer und ein oder zwei gelehrt Aussehende unter ihnen. Als sie sich verteilten und den Abhang herunterkamen, um ihre Plätze einzunehmen, sahen wir einen unter ihnen, der anders war, einen, dessen Angesicht voller Licht schien in einer unendlichen Güte.

Er ging so, daß wir Ihm gerade einen Augenblick lang in die Augen sehen konnten, in Augen, die uns zu durchdringen und alles über uns zu wissen und in uns zu sehen schienen. Unter diesem direkten Blick erkannten wir, daß wir nichts vor Ihm verbergen konnten und — seltsam genug — daß wir auch gar nichts vor Ihm zu verbergen wünschten, weil wir irgendwie fühlten, daß Er verstehen würde, was Er sieht.

Er würde wissen, warum wir versagt hatten. Er würde vergeben und uns trotz allem, was wir getan oder nicht getan hatten, lieben.

Wir saßen still, als seine Worte über uns erklangen, Worte des Trostes und der Heilung, die uns heraushoben aus unserem kleinen Ich in das Erkennen eines höheren, tapfereren, schöpferischeren Ich in uns, von dessen Existenz wir selbst im Traum nichts ahnten. Fast schien es, als hielte Er uns einen Spiegel vor, in dem wir — nicht unser Abbild — sondern das sahen, was Er in uns sah, was bisher schlummernd und ungeweckt in uns lag. Unter der Wärme seiner erwartenden Haltung regte sich, drängte sich etwas in uns zum Leben, und wir erkannten: von nun an würde das Leben nicht mehr langweilig, grau oder bedeutungslos für uns sein.

Plötzlich wußten wir, daß es auf der ganzen Welt nichts gab, das nicht heilig und ganz wäre. Es gab nur das, was noch nicht geheiligt war. Als der segnende Blick seiner Augen auf uns fiel, wußten wir, daß jede Zelle unseres Körpers, jeder Gedanke unseres Geistes und jede Regung unseres Herzens augenblicklich erlöst waren und daß es für uns kein Kranksein oder Zweifeln, keine Not und keine Furcht mehr geben würde. Wir waren wiedergeboren. Wir waren geheilt. Wir waren zu etwas Ganzem gemacht worden.

Das Wachstum des Christus-Wesens

In diesem Buch „Unser Auftrag" ist es unser besonderes Anliegen, die Geburt und Entwicklung des Christus-Wesens in jedem Menschen zu schildern.

Das Gebot unserer Zeit für die betenden, gläubigen Menschen scheint zu sein, sich von einer rein gefühlsmäßigen Einstellung zum Gebet und zur Heilung abzuwenden und ernstlich danach zu trachten, ihren Glauben mehr Tat werden zu lassen. Es muß ein Glaube sein, der nicht nur einfach geglaubt wird, sondern ein Glaube, der sowohl gelebt als auch in Worten zum Ausdruck kommt. Nur so kann unser Unterbewußtsein der unerschöpflichen Kraft der Heilung und des schöpferischen Lebens, die das Universum erfüllen, geöffnet werden.

Um es kühner zu sagen: Wir müssen dem Meister den ganzen Weg folgen und das Göttliche in uns fühlen. Nur so können wir buchstäblich das werden, um was Jesus in seinem Gebet so ernstlich flehte; nur so können wir zu Kindern Gottes und eins mit dem himmlischen Vater werden.

Wie Renan in seinem „Leben Jesu" möchten auch wir sagen, daß wir Jesus als das größte der wahren Kinder Gottes ansehen. „Jesus hatte keine Visionen, Gott sprach zu Ihm nicht wie zu einem Wesen außerhalb seines Selbst; Gott war in Ihm; Er fühlte sich eins mit Gott und nahm alles, was Er über den Vater sagte, aus seinem Herzen. Er lebte im Herzen Gottes durch die ständige Verbindung mit Ihm, Er sah Ihn nicht, aber Er verstand Ihn, ohne daß er wie Mose den Donner und den brennenden Busch, oder wie Hiob den offenbarenden Sturm benötigte"... Jesus war das höchste Bewußtsein Gottes in der Menschheit. Und Jesus betete darum, daß wir so mit dem Vater eins sein möchten wie Er es war.

Johannes der Täufer, „von einem Weibe geboren", sah

das Himmelreich in weiter Ferne. Jesus, der sich des in ihm erwachten Christus-Wesens bewußt war, sah das Himmelreich auf Erden. Er machte es zu etwas Wirklichem. Wir müssen es auch so machen. Es gibt ein schlummerndes oder verborgenes Verständnis, das den Menschen das Bild und die Ähnlichkeit deutlich macht, nach der sie geschaffen wurden. In uns allen liegt ein unerschöpfliches Reservoir an Energie und schöpferischer Kraft, das die meisten von uns nie in sich vermuten und sicher auch nie gebrauchen. Wir können mit dieser schöpferischen Kraft rechnen, wann immer wir wollen. Aber erst müssen wir wissen, daß sie erreichbar und unbegrenzt ist.

Dann machen wir uns auch eine Form, ein Bild oder Modell, in welche diese gestaltlose Kraft fließen kann, um wirklich und sichtbar zu werden. Plato dachte an Prototypen (Ur- und Vorbilder), als er diese Idee formulierte. Troward benutzte diese Prototypen Platos im Sinne von Modellen. In unserem Sprachgebrauch sagen wir „Gerüste". Mit all diesen Ausdrücken versuchen wir zu sagen, daß wir glauben können müssen, daß das, was wir wünschen und worum wir beten, erreicht werden kann. Wir müssen es uns als in Wirklichkeit schon existierend vorstellen.

Bevor wir die Wahrheit von der unerschöpflichen Energiequelle und schöpferischen Macht nicht begriffen haben, die immer für uns bereit ist und durch unser Bewußtsein in sichtbare Form und konzentrierte Vorstellung gebracht werden kann, können wir nicht buchstäblich an das Wunder von der Speisung der Fünftausend mit einigen kleinen Laiben Brot und ein paar Fischen glauben oder an Elias klare Vorstellung von der unbegrenzten Fülle des Mehls im Bottich oder vom Öl im Krug, das nie ausgeht.

Durch welches zusätzliche Wahrnehmungsvermögen haben diese Männer Gottes Dinge „geschaut", Erscheinungen gesehen, die niemand um sie herum wahrgenommen hat? Wie konnte Elias den „Klang von strömendem Regen" hören, wenn da nicht einmal der Schimmer eines Wölkchens am Himmel zu sehen war? Wie konnte der Prophet Elisa so überzeugt sein von der „Menge des feinen Mehls, das am folgenden Tag in den Toren von Samaria verkauft wird", wenn überall um ihn herum nur Anzeichen der schrecklichen Hungersnot zu sehen waren, die im Lande herrschte? Oder, woher kam so deutlich das „Getöse von Pferden und Wagen großer Kriegsheere", als Samaria belagert war, daß die Syrer die Belagerung aufgaben und flohen?

Gibt es einen unentwickelten Sinn im Menschen, der von den Mystikern, Propheten und Sehern entfaltet und angewendet wurde, mit dem sie Tatsachen und Bewegungen empfinden und wahrnehmen konnten, die von den übrigen fünf Sinnen nicht erkannt oder von den schon bekannten Tatsachen abgeleitet werden können? Wenn das so ist, wo kann man diesen Ort des Schauens finden oder diesen sechsten Sinn entwickeln? Durch welche Übung kann man dieses Kontaktzentrum aufschließen?

Die Mystiker haben dieses durch Betrachtung und Gebet erreicht, durch den Blick empor zu dem unendlichen Antlitz dessen, der das Gute will, und in der Verwirklichung der Einheit mit ihm. Sie erzählen uns von einer Grenzlinie zwischen Bewußtsein und Unterbewußtsein, zwischen Schlafen und Wachen. Die tägliche Betrachtung entwickelt die Kraft, längere oder kürzere Zeit in dem Zustand zu verharren, in dem das Bewußtsein und der Körper in eine Untätigkeit versetzt werden, in dem ein anderes Ausdrucksmittel, ein anderes Kraftzentrum des Handelns in Tätigkeit tritt.

Können wir diese Grenzlinie die Schwelle der Seele nennen und sie als Werkzeug des Geistes ansehen, wie der Leib das Werkzeug der Lebenskraft und das Gehirn das Zentrum des Denkens ist? Mehr noch, können wir nicht dieses Zentrum als Kontaktpunkt mit der Unendlichkeit ansehen — als Quelle allen Seins?

Wenn wir lernen, dieses Gebiet willentlich zu betreten, wenn wir im vollen Bewußtsein unserer Einheit mit der Dreifaltigkeit leben, öffnen wir da auch unser Innerstes dem All und finden somit Zutritt zu dem wirklichen Leben und der physischen Kraft, die für uns heilende Kraft und Ganzheit bedeuten? Können wir in dieser Verbindung auf unbegrenzte Mittel in der Form ganz materieller Güter zurückgreifen, die nie erschöpft werden können? Können wir auf eine allgemeine Weisheit zurückgreifen, die alles Wissen umfaßt? Erschließen wir in dieser Verbindung die Quelle alles Lebens und öffnen damit die Vorratskammer lebendiger, schöpferischer Kraft, die uns immer zur Verfügung steht, die nie versiegt und nie erschöpft werden kann?

In seinem „Testament der Frömmigkeit" spricht Thomas Kelly von einer Art des Betens, die, wenn sie einmal gewonnen ist, zur unterbewußten Gewohnheit wird, so daß man Tag und Nacht in einem Zustand des Betens bleibt.

Das ist das, was Paulus mit seinem „Betet ohne Unterlaß" meint. Wenn uns das Gebet über alles geht, werden wir uns seiner Bedeutung erst bewußt, wenn wir davon ablassen.

Ist dies das wahre Zentrum des Menschen, das wir zu unserer Erlösung bewußt finden müssen? Ist dies das wahre Zentrum des Christus-Wesens in uns? Sind wir „verloren" und „unerlöst", bis wir es gefunden haben und aus ihm heraus handeln?

Jesus war der von Gott Geliebte und wir haben das Zeugnis, daß Er wie wir geboren wurde, doch ohne Sünde war. Ist Sünde die Trennung von dem wahren Zentrum? Wenn wir im wahren Zentrum leben, leben wir im Lichte der Weisheit, so daß ein Heraustreten aus ihm bedeuten würde, daß wir unseren eigenen unvollkommenen Schatten auf unseren Weg werfen und mit der Zeit die Schattenwelt als so wirklich ansehen, daß die Welt des Lichtes im Dunkeln versinkt. Wenn wir dagegen in jene Harmonie kommen, zeigt sich unsere Umwelt in zunehmender Ordnung. Wenn wir in jenem Zentrum des Lichtes leben, ist alles um uns her lichterfüllt, es gibt keinen Schatten mehr.

Und so sollen wir Christus empfangen als das Wort Gottes, das wie ein verborgenes Samenkorn in eines jeden Menschen Seele schlummert, eingeschlossen in Fleisch und Blut, bis es eines Tages vom Atem Gottes angerührt wird und zum Leben erwacht. Dann wird es als ein Morgenstern in dem bestimmten Zentrum aufgehen und wird uns von Kindern Adams zu Kindern Gottes verwandeln.

William Law sagt: Ein Christus, der n i c h t i n u n s ist, ist dasselbe wie ein Christus, der uns nicht gehört; und Silesius schrieb:

„Und sollte Christus auch geboren werden tausendmal aufs neu',
Verzag, o Mensch, solang Er nicht in dir geboren sei!"

Nur das Christus-Wesen kann die vollkommene Offenbarung von Gottes Willen empfangen. Wenn wir zum Christus-Wesen wiedergeboren worden sind, gibt es kein Verlangen oder Rufen mehr nach der Hilfe unseres Vaters. Wir werden still in unserem neugefundenen Einssein mit dem All-Guten und erkennen, daß das Gute ja schon immer in uns war und nur darauf wartet, anerkannt zu werden. Der Wille Gottes wird dann eher ein angeborener, als ein erzwungener Wille.

In unserem Heilungswirken ist die Frage, ob Gott den Willen zur Wiederherstellung der Gesundheit hat, ein beständiges Problem. Es werden Gebete um Heilung gesprochen, die mit dem überkommenen „So es Gottes Wille ist" schließen. Dieses „So Gott will" schließt den Zweifel ein, daß es Gottes Wille ist, uns zu heilen. Und doch beten wir das Gebet, das unser Herr uns lehrte: „Dein Wille geschehe wie im Himmel, also auch auf Erden." Was ist Gottes Wille im Himmel? Gibt es Krankheit, Sünde oder Sorge im Himmel? Wenn nicht, wenn Gottes Wille vom Himmel auf die Erde übertragen worden ist, schafft dann der geographische Ort solch einen drastischen Wandel in den göttlichen Wirkungsmöglichkeiten?

Jene, die ernstlich bezweifeln, daß es Gottes Wille ist, jemanden zu heilen, der krank ist oder hier auf Erden leidet, sind gewöhnlich die Letzten, die zugeben würden, daß es im Himmel Krankheit oder Leid gibt. Wenn es also im Himmel nicht sein Wille ist, wie können wir dann glauben, es sei sein Wille hier auf Erden? Sollten wir nicht erst einmal entscheiden, was für uns Gottes Wille im Himmel ist und dann diesen Willen durch unser persönliches Wirken hier auf Erden herbeiführen?

Eine Erfahrung wird uns von E. Howard Cobb in seinem hilfreichen kleinen Buch „Das Beten Jesu“ als Beispiel angeführt: In seinen Stunden der Betrachtung versuchte er, die Liebe Gottes noch inniger zu erkennen und hatte dabei das Empfinden, daß er sich nach ihr ausstrecken und sie irgendwo finden müsse. Aber es wurde ihm gezeigt, daß er, statt sich nach etwas auszustrecken, nur sich selbst öffnen müsse. Die Liebe Gottes ist wie das Sonnenlicht. Wir strecken uns nicht aus und greifen nach der Wärme der Sonne, wir entspannen und sonnen uns in ihrer Wärme, lassen sie über uns hinströmen und in uns eindringen.

Wir brauchen Gottes Liebe nicht suchen. Sie ist immer da und wartet darauf, daß man sie annimmt. Wir müssen ihrer nur gewahr werden, damit wir sie mit jedem Atemzug in uns aufnehmen können. Wenn wir zu Gott beten, als wäre diese Kraft nur außerhalb von uns, hegen wir Zweifel darüber, ob das, was wir erbitten, uns auch gegeben wird. Mit dem Bewußtsein beten, daß das Christus-Wesen in uns ist, heißt als einer beten, der mit der Quelle aller Liebe und allen Lebens eins ist, heißt gläubig beten.

Wenn sich unser Bewußtsein im Gebet ausweitet von einer nur flehentlichen Bitte an Gott, uns, wenn es sein Wille ist, zu heilen, zu einem Gebet um Ganzheit, dann werden wir in dieser Ganzheit nicht nur die Kraft dauernder Gesundheit finden, sondern auch die Befriedigung alles dessen, was wir brauchen.

Dem pharisäischen Geist, in dem noch viel vom persönlichen Wesen vorherrscht, klingt das Wort vom Christus-Wesen in jeder Menschenseele wie Gotteslästerung. Das Christus-Wesen kann nicht geboren werden, bis das eigenwillige Ich sich ergibt. Für das eigenwillige Ich bedeutet die Annahme des Christus-Wesens den Versuch, alle die Kräfte zu nützen, die diesem höheren Selbst zur Verfügung stehen, ohne erst Disziplin und völlige Hingabe zu üben, und heißt, das Unheil herausfordern. Es bedeutet, den

Himmel über eine Abkürzung statt über die enge Pforte und den schweren Pfad des Gehorsams erreichen wollen.

Die Weltanschauungen vom „Übermenschen" versuchen, dem Menschen die unbeschränkte Macht des Kosmos in die Hand zu geben, bevor er die Disziplin des Christus-Wesens angenommen hat. Jenen, die durch die Hecke brechen wollen, wird die Warnung gegeben, daß sie von einer Schlange gebissen werden.

Alle, die es wagen, diese Abkürzung ohne den Preis der Disziplin und Hingabe zu nehmen, seien gewarnt; der Egoismus wird unvermeidlich die vergiften und möglicherweise zerstören, die die göttliche Energie-Quelle nur erschließen wollen, um zu den Höhen der Macht zu gelangen.

Das ist kein Strafgericht Gottes. Es ist die Auswirkung göttlicher Gesetze. Die Kraft, die angerührt wird, ist dieselbe. In dem einen Fall wird sie in Harmonie mit der göttlichen Ordnung gebraucht und aufgegeben, sowie die Verbindung mit dieser Ordnung gestört ist. Im anderen Fall wird sie ohne Achtung der göttlichen Ordnung gebraucht und niemals aufgegeben, bis das selbstische Ziel erreicht ist. Das eine ist Selbstlosigkeit, das andere Selbstsucht.

In dem Buch „Mensch und Gott" von William Law finden wir diese wunderbare Ansicht über die Lage der Engel, die sich vom himmlischen Licht und der Liebe Gottes abgewandt haben. Er sagt: „Es wurde keine Hölle für sie geschaffen, sie haben keine neuen Charaktereigenschaften bekommen, keine Rache und keine Qualen des Gottes der Liebe sind auf sie gefallen. Sie befanden sich nur in dem Zustand der Trennung von dem Sohn und dem heiligen Geist, den sie selbst herbeigeführt haben.

Sie hatten nichts in sich, als was sie von Gott hatten, die ersten Anklänge eines himmlischen Lebens, nichts anderes, als was die höchsten himmlischen Wesen haben und in alle Ewigkeit haben müssen. Aber sie hatten es in einer Art von Selbstquälerei, weil sie es getrennt hatten von jener Geburt des Lichts und der Liebe, die allein sie zu himmlischen Kindern und gesegneten Ebenbildern der göttlichen Dreifaltigkeit machen konnte.

Das, was in einem Teufel eine schlimme Selbstsucht ist, ein wütendes Feuer, ein schmerzender Trieb, ist in einem heiligen Engel das immerwährende Entfachen eines göttlichen Lebens, die kräftige Geburt einer himmlischen Liebe. Angelus Silesius singt das alles in einem kurzen Spruch:

„Die frohen Engel spielen nah' an Gottes Thron,
Der Beelzebube ist auch da, doch wendet er sich ab" . . .

Betrachtung

Berühre uns, geliebter Meister, mit der Fülle der Liebe des Vaters, wie du sie gekannt hast, und hebe uns empor zum Verstehen der Vollkommenheit des Vaters, die immer schon da ist. Hilf uns, zu erkennen, daß das, worum wir bitten, uns schon gehört, daß wenn wir noch fragen, wir schon Antwort bekommen.

Nimm von uns das Bewußtsein jeden Zeitgefühls, das zu der endlichen, stofflichen Welt gehört, und gib uns einen Schimmer des ewigen Jetzt, das immer sein wird, in dem sich nichts verändert, in dem alles noch so ist, wie es geschaffen und für gut befunden wurde. Hilf uns erkennen, daß die Wandlung in uns und in der Welt, die wir kennen, geschehen muß, aber nicht in der Welt des Geistes, in der es kein Abweichen gibt von der Vollkommenheit, die ewig ist.

Wir möchten zu einem klareren Verständnis dessen kommen, was Du getan hast, lieber Jesus, als Du Dein Antlitz erhobst und danktest, als Du zu gleicher Zeit Dein Bewußtsein erhobst, um das zu sehen, was schon immer war und ist und sein wird, über der Zeit und dem Wandel, über dem Verfall und dem Tod.

Wir wissen, daß Du die unsterblichen Dinge, die unzerstörbaren, die Wirklichkeit gesehen hast. Wir möchten sie sehen, wie Du sie gesehen hast, mit solcher Klarheit und solcher Intensität, daß wir den anderen um uns herum helfen können, sie zu sehen, wie Du sie sahst und hineinversetzt werden können, daß sie uns auf materieller Ebene sichtbar werden.

Hilf uns erkennen, daß es nicht etwas ist, was noch getan werden muß, sondern schon in uns und für uns getan wird, daß die Vollkommenheit, die wir suchen, schon da ist und nur auf unser Erkennen wartet, um sichtbar gemacht zu werden. Hilf uns zur Abkehr vom Unvollkommenen, damit wir die Vollkommenheit sehen, die uns erwartet. Daß wir sie nicht nur sehen, sondern auch den Mut haben, sie ohne Zögern zu ergreifen und sie jedem einzelnen Teil unseres Seins einzuverleiben. Wir möchten sie nicht nur sachlich begreifen, Herr, wir möchten sie zu etwas ganz Persönlichem machen. Wir möchten still sein und erkennen, bis wir uns eins fühlen mit Dir. Dank sei Dir, Vater; Dank Dir, Jesus!

Menschen um Jesus

Kann uns in der Entwicklung des Christus-Wesens eine kurze Betrachtung der Gefährten Jesu von Nutzen sein, bei der wir die Charakterzüge in ihnen finden können, die ihr Gegenstück in uns haben?

Wenn wir jene, die während der kurzen Jahre seines intensiven Lebens so eng mit dem Meister verbunden waren, vor unserem Geiste vorüberziehen lassen, sehen wir gewisse Züge an ihnen, denen wir nacheifern, und wiederum viele, von denen wir befreit sein möchten, wie es später bei denen der Fall gewesen zu sein scheint, die sich unter der Macht der Lehre des Meisters entwickelten.

Wir fühlen die Schmach der Verleugnung des Herrn durch Petrus, wir erinnern uns aber auch der Verleugnung, die in der Vergangenheit oftmals durch unsere eigenen Lippen geschah. Der Verrat des Judas dünkt uns furchtbar. Doch wie oft haben auch wir unseren geliebten Herrn und Lehrer verraten, indem wir Grundsätze befürwortet und danach gehandelt haben, die Er verworfen hat?

Wir fühlen die Geringschätzung, die Simon für Jesus hatte, als er Ihn in sein Haus lud und es versäumte, Ihm die Ehre der Fußwaschung zu erweisen. Wie oft haben wir unseren Standpunkt gewechselt, uns der Gelegenheit angepaßt, indem wir uns weigerten oder zögerten, Ihm bei einer Feier die Ehre zu geben, bei der weltliche und übergelehrte Gäste in Staunen geraten wären, wenn wir es getan hätten?

Wenn ein Schwarm großer oder kleiner Zweifel in unseren Sinn kommt, sind wir augenblicklich in der Gesellschaft des Zweiflers Thomas, des Vorläufers so manches Naturwissenschaftlers, der es mit den materialistischen Weltanschauungen von gestern hält und nur die Tatsachen glaubt, die mit den äußeren Sinnen registriert und geprüft werden können. Wir nennen sie die Wissenschaftler von gestern, weil der moderne Wissenschaftler den Lehren von Einstein, Jeans und Eddingtons folgt, die uns sagen, daß die von den Sinnen erkannte Welt nur der Vordergrund ist, daß die Welt der Wirklichkeit hinter den Dingen verborgen liegt.

Ein Wissenschaftler wie Oppenheimer studiert mit Arthur Ryder, dem berühmten englischen Sanskritforscher, Sanskrit im Original, weil er etwas Gemeinsames sieht in der Hindu-Philosophie und den Anschauungen der modernen Wissenschaft. Er ist überzeugt, daß sowohl die Mystiker als auch die Wissenschaftler die Wirklichkeit suchen, die hinter der unsichtbaren Welt liegt. Beide nähern sich ihr mit verschiedenen Methoden, die Mystiker durch ein Überwinden der Sinne und In-sich-Hineinhorchen, die Naturwissenschaftler durch die Mathematik und induktive Schlußfolgerungen.

Johannes, der ein Mystiker war, wußte intuitiv und instinktiv, was Thomas der Zweifler erst sehen und fühlen mußte, bevor er glauben konnte. Der Mystiker, der in einem jeden von uns steckt, aber oft durch so viel weltliches Denken und Wissen verschüttet ist, kann nur nach langen Zeiträumen meditativen Schweigens und Betrachtens zum Wirken kommen.

In Nikodemus steht der Ethiker mit seiner schweren Verantwortung vor uns, dessen Pflichtgefühl gegenüber dieser Verantwortung groß war. Er fühlte die Größe in Jesus selbst und in seiner Botschaft, aber er konnte es nur schwer begreifen, wie man ein Leben irdischer Erfahrung ablegen und ein anderes auf einer höheren Ebene aufnehmen kann. Er vermochte sich das „Wiedergeborenwerden" nur nach dem körperlichen Tod vorzustellen. Er konnte sich die Belohnung für ein gutgeführtes Leben nur in einem Leben nach dem Tode denken. Wie viele von uns teilen diese Überzeugung des Nikodemus! Wie viele von uns glauben, daß die rettende Gnade Jesu Christi uns nur dann zugänglich ist, wenn wir die Pforte von diesem Leben zum anderen durchschritten haben! Wie viele begegnen einer neuen Wahrheit wie der würdige Nikodemus nur vorsichtig, damit sie ihre Stellung nicht aufs Spiel setzen. Wie Nikodemus erkennen sie die Wahrheit, wenn sie sie sehen und hören; sie folgern wie er: „Niemand kann diese Zeichen tun, die du tust — es sei denn, daß Gott mit ihm ist!" Aber „Wiedergeboren werden", das Fleisch vom Geist zu unterscheiden, war für Nikodemus schwer, wie es für so manchen von uns schwer ist.

Lukas, der beliebte Arzt, hat den Sprung von der materiellen Welt in die geistige gemacht. Er anerkannte offensichtlich alle Wunder und wurde einer der großen Organisatoren der Frühkirche, denn Paulus erwähnt ihn als einen von denen, die mit ihm reisten. Gewiß, bei Lukas stand nur sein eigener Beruf auf dem Spiel, anders als bei Nikodemus war Lukas nur für sein eigenes Leben verantwortlich. Aber wir ehren seinen Mut und seine Redlichkeit. Dadurch konnte er einen solchen Sprung von der „Materia medica" seiner Zeit zu dem machen, was wir heute als „geistige Therapie" bezeichnen.

Jakob und Johannes waren die tüchtigen Söhne des Zebedäus, der viele Boote besaß und deshalb offensichtlich auch ein Mann von Wohlstand und Einfluß. Sie trugen den Spottnamen „Donnersöhne", und so können wir sie uns als Männer mit stattlichem Körperwuchs und unbeherrschten Gefühlsregungen vorstellen. Ihre Mutter wollte zu gerne für sie einen beneidenswerten Platz neben dem Meister haben, als er vorhatte, nach Jerusalem zurückzukehren. Es gab offensichtlich viel Eifersucht und auch Kämpfe um die Vorrangstellung unter den Jüngern Jesu. So machte sie sich zur Fürsprecherin ihrer zwei Söhne und verlangte, daß Jesus in seinem Königreich den einen zu seiner Rechten, den anderen zu seiner Linken sitzen lassen möge.

Wie oft haben wir doch gesehen, daß dieses Drama in unserer nächsten Umgebung wiederaufgeführt wird? Da sind jene, die einer vollverantwortlichen Stellung nicht gerecht werden können, aber glauben, daß sie einen wichtigen Posten neben einem Führer bekommen müssen. Andere erwarten besondere Vergünstigungen, weil sie finanzielle Unterstützung und Prestige zur Verfügung stellen. Ein andermal mag lange und treue Diensterfüllung eine Belohnung mit einer Stelle oder Machtposition vertretbar erscheinen lassen ohne Rücksicht auf die Tatsache, daß Mangel an Eignung oder Bildung es unmöglich machen sollten, die Ernennung vorzunehmen.

Wir bedürfen ständig der Lehre, die Jesus den Jüngern an dem Tag gab, als die Frau des Zebedäus sich für ihre Söhne einsetzte. „Ihr wißt doch: die Herrscher dieser Welt unterjochen ihre Völker und die Mächtigen machen von ihrer Gewalt Gebrauch. So soll es gerade unter euch nicht sein; sondern wer unter euch groß sein will, der sei euer Diener, und wer der Erste unter euch sein will, sei euer Knecht."

Wie bei Nikodemus macht der Meister auch hier den Unterschied zwischen der Welt des Herrschers und der Welt des Himmelreichs. Die Gesetze der einen Welt sind nicht die der anderen. Eine neue Art zu handeln soll gelernt werden und neue Maßstäbe müssen für die aufgestellt werden, die Ihm folgen. Ob jemand zu seiner Rechten oder zu seiner Linken sitzen wird, durfte nicht einmal Jesus sagen. „Das werden diejenigen tun, die von Meinem Vater dafür bestimmt werden", erklärte Er. Das bedeutet, daß niemand, der mit Ihm am Bau des Himmelreichs arbeitet, irgendeinen Platz verteilen oder übertragen kann. Der ist für die, denen der Vater ihn bereitet hat.

Wir gehen bekümmert mit dem reichen Jüngling von dannen, der den Weg zum ewigen Leben suchte und dem gesagt worden war, daß er zusätzlich zur Erfüllung der Gebote alles, was er habe, verkaufen und es den Armen geben müsse. Wie schwer ist diese Bestimmung! Sie bedeutet, daß wir danach das Nehmen lernen müßten, was für einige von uns viel schwerer wäre als das Geben. Die Menschen, deren Stolz und Selbstachtung stark entwickelt sind, müssen sehr demütig werden, bevor sie sowohl alles, was sie haben, hergeben, als auch für das zum Leben Notwendige von Mildtätigen erbitten können. Sicher fühlte Jesus, daß für diesen reichen Jüngling eine solche Demut notwendig war. Oder sah der Meister in diesem feinen, jungen Mann eine seltene und ungewöhnliche Seele, die sich seinem Gefühl nach zu einem Jünger entwickeln könnte, wenn sie den Preis für die Befreiung von aller materiellen Gebundenheit zu zahlen vermochte? Und die davon befreit, Ihm anhangen und nachfolgen würde?

In dem vor mehreren Jahren anonym herausgegebenen Buch „Ein unbekannter Jünger" schildert der Verfasser auch einen reichen Jüngling, den er den „unbekannten Jünger" nennt. Auch dieser folgte Jesus, auch er hatte große Besitztümer: Aber dieser junge Mann betrachtete seinen Reichtum als anvertrautes Gut, und im Dienst an andern lernte er Demut und Bescheidenheit. Er stellte die Verwaltung seiner Felder und Weinberge auf eine gemeinnützige Grundlage um und teilte seinen Ertrag mit denen, die mit ihm arbeiteten. Offensichtlich fühlte der Verfasser, daß die Lehre, die man aus dieser biblischen Geschichte ziehen muß, nicht Verarmung, sondern Demut heißt, eine Demut, die aus der Befreiung von persönlichem Besitz entsteht.

Unsere zögernde Bewunderung gilt Pontius Pilatus. Wir sehen ihn heute in jenen vertreten, die versuchen, sich über die Bedeutung des Jesus von Nazareth und seiner Lehren ein Bild zu machen. Sie fühlen sich durch seine Botschaft angesprochen und sind erstaunt über die Früchte seines Geistes, die in vielen, die seine Lebensart angenommen haben, sichtbar werden. Jesus steht vor ihnen, wie Er vor Pilatus stand und ihm wiederholt den Sinn seines Kommens klarmachte. „Ich bin dazu geboren und in die Welt gekommen, daß ich Zeugnis ablege für die Wahrheit: Jeder, der aus der Wahrheit kommt, höret meine Stimme." Und sie fragen wie Pilatus verwirrt: „Was ist Wahrheit?"

Der Ausruf des Pilatus ist der Ruf aller Sucher aller Länder und Zeiten. Die Frage „Was ist Wahrheit?" und das quälende Suchen nach ihr dauert so lange an, bis die Menschen schließlich von der göttlichen Weisheit ergriffen werden. Dann hören sie seine Stimme wieder sagen: „Ich bin der Weg, die Wahrheit und das Leben; niemand kommt zum Vater denn durch Mich." Wir sind auch an der Stelle des Pilatus gestanden, konnten uns aber nicht der eindrucksvollen Gegenwart des Großen entziehen, der es nicht nötig hat, sich vor den Mächtigen der Welt zu rechtfertigen. Aber die Pilatusse der Welt sind nicht bereit, zu hören, sie waschen ihre Hände in Unschuld und wenden sich ab, wenn die Menge immer wieder ihr „Kreuzige ihn" schreit.

Lebt auch Judas in uns? Ach ja! Denn oft und auf mancherlei Weise sind unsere Herzen dem verschlossen, was der Meister uns sagt, weil wir so sehr auf das konzentriert sind, was nach unserer Meinung getan werden müßte. Wir haben unsere eigenen Pläne und sind zu beschäftigt damit, sie auszuführen, um hinhören zu können, bis es zu spät ist und wir erkennen, daß wir Ihn verraten haben. Wir versuchen, das Unrecht gutzumachen, aber es kann nicht gut gemacht werden. Wir sind voll Reue, und unser Schuldgefühl erdrückt uns fast, bis wir uns daran erinnern, daß Er ja versteht und uns genügend liebt, um uns vergeben zu können.

Judas hätte weiterleben können, wenn er gewußt hätte, daß der wahre Sinn der Reue das Vergeben ist. „Wie können wir dessen gewiß werden, daß unsere Sünden vergeben sind?" fragen die, die wie Judas eine schwere Schuldenlast tragen. Es gibt einen sicheren Weg, das zu erkennen, ihr Lieben. Wenn ihr nicht mehr den Wunsch habt, das Vergehen zu wiederholen, könnt ihr gewiß sein, daß euch vergeben wird. Wenn ihr euch fortwährend mit Vorwürfen quält, macht ihr eurem Leben ein Ende, auch wenn euer Körper noch weiterlebt. Wenn ihr wirklich bereut, werdet ihr nicht mehr in die Versuchung fallen, in dieser Richtung wieder schuldig zu werden.

Aber nicht Kaiphas, bitten wir, nur nicht Kaiphas!

Vielleicht nicht individuell, aber als Gemeinschaft finden wir uns selbst in dem Bild, das William Blake so unauslöschbar in seinem Gedicht „JERUSALEM" malt:

Ich stand in meinen Tälern des Südens und sah eine
Feuerflamme,

Die wie ein Rad den ganzen Himmel umschloß.
Sie lief von Ost nach West, gegen den Strom der Schöpfung;
Und verschlang alles in ihrem lauten, bösen, donnernden Lauf,
Rund um Himmel und Erde. Die Sonne wurde eingehüllt,
Der Mond entschwand in der Ferne, kreisend durch die Nacht.
Durch ihren schrecklichen, ruhelosen Zorn
Schrumpfte der Mensch zu einer kleinen Wurzel,
Ein Faden lang, zusammen.
Und ich fragte einen Wächter und einen Heiligen
Nach dem Namen solchen Schreckens.
Er sprach: Es ist das Rad der Religion.
Ich weinte und sagte: Ist dies das Gesetz Jesu?
Dies schreckliche, verschlingende Schwert,
Das nach allen Seiten schlägt?
Er antwortete: Jesus starb, weil er kämpfte
Gegen den Lauf dieses Rades,
Es heißt Kaiphas, der dunkle Verkünder des Todes, der Sünde,
Der Sorge und der Bestrafung.
Sich der Natur widersetzend, bleibt es Naturreligion,
Doch Jesus ist der lichte Priester des Lebens,
Der die Natur erschafft aus diesem glühenden Gesetz
Durch Selbstverleugnung und Vergebung der Sünden.
Geh darum hin, treib Teufel aus in Christi Namen,
Heil du die Kranken, die geistig leiden!
Erbarm dich des Bösen, denn du bist nicht gesandt,
Mit Schrecken und Strafe heimzusuchen die Kranken,
Wie die Pharisäer es tun, die kreuzigend und Land und Meer
Durcheilend Anhänger werben für Tyrannei und Zorn.
Sondern geh zu den Zöllnern und Dirnen,
Und lehre sie, wahrhaft glücklich zu sein.
Laß auch nie einen Fluch von deinen Lippen kommen,
Um ihren Frieden zu zerstören!
Denn offen ist die Hölle dem Himmel,
Dein Auge sieht die Kerker bersten
Und die Gefangenen befreit!

Krisen

Das chinesische Wort für Krise besteht aus zwei Zeichen, das eine bedeutet Unheil, das andere — Gelegenheit.

Krisen sind höchste Spannungszustände. Die Wogen des Wassers türmen sich auf und fallen wieder in die Tiefe zurück. Nach diesen äußersten Höhen und Tiefen der Stimmung muß eine vollständige Umkehr erfolgen. Auf dem höchsten Gipfel der Spannung erfolgt die Explosion, die eine ungeheure Energie freimacht.

Vor Jahren verglich Thomas Howard, der große englische Denker, die Krise in einem individuellen Leben mit der Oktave. Wir gehen durch die volle Oktave der Erfahrung, bis wir die letzte Note erreichen. Diese Note wird entweder die erste der nächsthöheren Oktave oder wir fallen zurück und beginnen die gleiche Oktave von vorn.

Das Leben des einzelnen besteht gewöhnlich aus ruhig aneinandergereihten Perioden. Es wird selten etwas sichtbar, was das Ende der einen und den Beginn der anderen Periode anzeigt, bis wir durch Leid, Verlust, Mißerfolg oder übermächtige Wünsche erschüttert werden. Dann werden wir aus der Bahn unseres alltäglichen Lebens herausgerissen und in einen Zustand höchster Spannung versetzt, in dem es nur zwei Möglichkeiten gibt: entweder gehen wir weiter zur nächsten Stufe — oder wir fallen ins Wellental zurück. Wenn wir die Krise vollständig durchstehen, erreichen wir eine höhere Stufe des Daseins, wenn nicht, fallen wir zurück und müssen von vorn beginnen.

Wir haben dieses Phänomen durch Jahre hindurch in unserer ärztlichen Praxis beobachten können. Wir haben z. B. gewußt, daß, wenn ein Patient mit einer syphilitischen Infektion, die jeder Behandlung widerstand, plötzlich eine Infektion durch einen anderen Erreger bekam, durch das heftige Fieber, das darauf folgte, vollständig von der Syphilis geheilt wurde. Wenn der Organismus genügend Kraft und Vitalität besitzt, um die Krise durchzustehen, scheint die Krankheit buchstäblich aus dem Menschen herausgebrannt zu werden.

Diese Erkenntnis wird in der Medizin in mutiger Weise in der Form ausgewertet, daß man künstlich hohes Fieber erzeugt, um den Blutstrom und das Gewebe von alten Infektionen zu reinigen. Das ist gefährlich; denn es gibt einen heiklen Punkt der Toleranz dabei, aber wenn der Organismus es aushält, sind die Ergebnisse günstig.

Neuerliche Experimente, bei denen man die Temperaturen lebender Substanzen bis zum absoluten Nullpunkt herabgesetzt hat, geben uns ein deutliches Bild von der Bedeutung der Gesetze einer tieferen Ebene, wenn wir diese in einer höheren Sicht sehen können. Die Ergebnisse dieser Experimente waren selbst für die Wissenschaftler verwirrend. Gesetze wurden entdeckt, die mit den Gesetzen der Materie, wie wir sie bis jetzt kannten, nicht übereinstimmen, und die Wissenschaftler fanden es schwer, diese neuen Entdeckungen mit ihren bisherigen Erkenntnissen in Einklang zu bringen. Es sind jedoch Tatsachen, die man anerkennen und mit denen man rechnen muß. Bei den Versuchen mit Metallen und Stoffen, die einer absoluten Nullpunkttemperatur unterworfen wurden, werden viele Phänomene gefunden, die jenen ähnlich sind, die De Broglie beim Studium der Wellenbewegung in der subatomaren Welt fand. Diese Phänomene beweisen, daß die Gesetze der Materie in den Bereichen unter dem Atom nicht anwendbar sind, wo wir es mit reiner Energie zu tun haben.

Es ist jetzt möglich, die Temperatur des Stofflichen fast auf den absoluten Nullpunkt herabzusetzen. Aus einem seltsamen Grunde ist das nicht der absolute Nullpunkt, da man bis jetzt nur bis auf 2,2 Grad über den absoluten Nullpunkt heruntergehen kann — aber der Kürze wegen nehmen wir ihn als absoluten Nullpunkt an. Wenn eine gewöhnliche Lichtleitung an der Steckdose angeschlossen wird, übermittelt sie Strom. Das ist ein physikalisches Gesetz, das wir alle kennen. Wenn der Kontakt unterbrochen wird, hört der Strom auf. Das ist ebenfalls ein uns allen vertrautes physikalisches Gesetz. Aber wenn die Leitung bis zum absoluten Nullpunkt abgekühlt wird, widerfährt ihm etwas, das alle bekannten Gesetze über den Haufen wirft. Der Strom wird wie vorher durchgeleitet, aber zieh den Stecker aus der Dose — und das Unerwartete geschieht: der Strom fließt weiter durch den Draht.

Das ist kein physikalisches Gesetz. Was ist es? Und wie erklären sich die Physiker das? Sie sagen, daß der Widerstand der Leitung auf ein Minimum reduziert sei und daß der Strom, einmal losgelassen, ohne Widerstand fortfährt zu fließen, solange sich die Temperatur des Drahtes nicht verändert. Am absoluten Nullpunkt hören die bekannten Eigentümlichkeiten der Materie — Dichte, spezifisches Gewicht und Zusammensetzung — auf zu existieren. Deshalb fährt der Strom fort zu fließen, bis die Temperatur gesteigert und der Widerstand dadurch wiederhergestellt wird.

Unser Widerstand ist unser Ich. Wenn wir zur Stunde „Null" kommen, können wir die Krise durchstehen, so wir willens sind, den Widerstand unseres kleinen Selbst dadurch auf ein Minimum zu reduzieren, daß wir die wahre Demut lernen, die uns Jesus lehrte. Für einige von uns kommt die Stunde Null erst, wenn wir schreckliche Sorgen oder Schmerzen ertragen müssen. Das muß nicht so sein. Die Menschen sind in der Tat gesegnet, die glauben können, ohne daß sie ihre Finger in die Wundmale legen oder die Schrecken der Kreuzigung durchleben müssen. Aber diejenigen, die nicht einfach glauben können, müssen durch Leid und Not hindurch.

Die materialistischen Lehren der Naturwissenschaft und humanistischen Philosophie haben schon manchen Studenten dahin gebracht, zu glauben, daß sie hilflos seien, wenn sie sich nicht selbst genügen können. Sie haben keinen Glauben an eine unerschöpfliche Kraftquelle außerhalb ihres eigenen Seins entwickelt, aus der sie schöpfen könnten.

Ich war einer von ihnen, ein intellektueller Snob erster Güte. Als meine Kollegen zu mir sagten: „Du bist erledigt; bring deine Angelegenheiten in Ordnung, denn einen zweiten Herzanfall kannst Du nicht mehr lebend überstehen", konnte ich das kaum glauben, obwohl die Anfälle furchtbar waren. Es war eine zähe Hoffnung in mir, daß ich mich durch reine Willenskraft durchbringen könne. Aber als sie mich aufgaben und ich allein dastand, erkannte ich schließlich, daß zum Durchkommen doch noch etwas anderes nötig sei als meine Willenskraft. Außerdem waren meine körperlichen Kräfte so erschöpft, daß ich nunmehr weder die Kraft noch den Mut zum Kämpfen hatte. Wohin sollte ich gehen? Worauf sollte ich mich verlassen?

Es gab nur eines — auf die Knie gehen. Ich rief aus: „Was bist Du? Wo bist Du? Ich weiß nicht einmal, wie ich Dich nennen muß, aber komm doch und sprich zu mir! Wenn Du existierst, hilf mir! Erlöse mich aus dieser meiner Lage oder führe mich weiter."

Und weil meine Kapitulation so bedingungslos und das Eingeständnis meiner Niederlage so vollständig waren, erhielt ich eine gewaltige Enthüllung der Wirklichkeit. Ich sah mein wirkliches Selbst, wie es schon immer existiert hatte. Ich erkannte, daß mit meinem wahren Selbst nichts verkehrt war außer den Glaubensvorstellungen, die man mir aufgeladen und die ich angenommen hatte. Ich war mit Kletten, Schuppen und Ketten beladen, die mich herabzogen, weil ich an sie glaubte.

Mit blendender Klarheit sah ich, daß ich ein Teil des universalen Lebens war. Ich war eins mit ihm. Es war nichts Außenstehendes, es war ein Teil meines Selbst, und ich war ein Teil von ihm. Die Worte Jesu kamen mir wieder in den Sinn: „Ich und der Vater sind eins", und ich wußte, was er damit meinte. Durch die Krise und diese große Enthüllung ging ich weiter, über den Wellenkamm in einen anderen Lebensbereich, zu vollständiger Gesundheit und einer neuen Form des Daseins.

In unserem persönlichen Leben gibt es oft Gemütskrisen, die das Ergebnis angestauter Spannungen sind. Infolge der Anhäufung negativer Gefühlsregungen in uns steigern sich die Abschnitte unseres täglichen Lebens zu einem Höhepunkt von Intensität. Wenn wir den Höhepunkt erreichen, gibt es einen heftigen Kampf. Etwas von unserem niederen Selbst muß sterben, und das stirbt in den meisten von uns nicht leicht. Das willensstarke, herrische Selbst, das wünscht, was und wann und wie es will — ganz gleich, was es kosten mag —, muß gekreuzigt werden. Der irdische Mensch, der Adam in uns, muß so weit zurückgedrängt werden, daß das Christuswesen in uns auferstehen kann. Nur dann können wir auf eine höhere Ebene des Tuns kommen.

Aber angenommen, wir erreichen diesen Höhepunkt und das niedere Selbst in uns weigert sich, zu sterben. Eine starke Enttäuschung, eine tiefe Verletzung oder ein tragischer Verlust heben uns auf den Wellenkamm, aber wir lehnen uns auf und kämpfen eher, als daß wir alles gehen lassen und hinnehmen. Das Ich kann nicht aufgeben. Dann wird all die unermeßliche Energie, die auf dem Höhepunkt der Spannung frei wird, ins Negative verkehrt und wirft uns in die Tiefen des Wellentales zurück. Aus dem Dunkel dieser Reaktion kommen Haß und Rachegefühle, Bosheit und Bitterkeit und manchmal eine Grausamkeit, die uns fallen läßt. Nur wenn wir über den Kamm gehen und das kleine Selbst wirklich verlieren, kommen wir aus dem bösen Kreislauf heraus in einen höheren Bereich. Aber wenn wir das kleine Ich nicht loslassen und dadurch unseren Widerstand nicht mildern, wird uns die Energie-Entladung eher auf uns selbst zurückwerfen, als uns hindurch- und hinaufzubringen.

Neulich konnten wir die Auswüchse von Grausamkeit einiger Minderheits-Gruppen erleben, die nicht fähig waren, über den Wellenkamm zu kommen; all die angestaute, freiwerdende Kraft wurde in negative Ausbrüche des Hasses, der Bitterkeit und Rache verkehrt. Auf der anderen Seite haben wir auch ein geschlagenes Volk gesehen, das im Erkennen seiner tragischen Fehler gedemütigt und langsam zu einer Größe geformt wurde.

Die bedeutsamen Krisen, die das menschliche Schicksal bestimmen, scheinen nicht in regelmäßigen Abständen aufzutreten, sondern in plötzlichen Veränderungen. Heute sind wir wahrscheinlich inmitten einer dieser epochemachenden Wandlungen. Wir haben den Kamm einer Welle erreicht und sind im Begriff, einen neuen Bereich zu betreten. Wir sind die Leiter des Fortschritts emporgeklommen und haben die letzte Note der Oktave erreicht. Die erregenden Schwingungen des verklingenden siebenten Tones sind noch in unserem Ohr, und wir möchten gerne auf den vollen Klang der höheren Oktave hören.

Wenn ein Komet an der Sonne vorbeizieht, erreicht er einen Punkt, wo die Anziehungskraft eines anderen Planeten sehr groß ist, wird aus seiner urspünglichen Kreisbahn geworfen und von der Sonne „gefangen". Wird die Anziehung größer, wird er auf eine elliptische Bahn mit beschleunigter Geschwindigkeit gezwungen.

Innerhalb der nächsten Jahrzehnte werden viele Menschen diese Analogie begreifen und eine Verwandlung erfahren. Zum erstenmal in 2000 Jahren wird die Anziehungskraft von Jesus Christus, der als Zentralfigur in der Welt dasteht, die Menschen zu sich ziehen wie die Sonne den Kometen. Viele werden von ihrem ich-bezogenen Pfad auf eine ungeheure Kreisbahn um ihn herum hingeführt. Gewaltige Energien werden frei. Wenn wir unser nationales Ich mitsamt unserem persönlichen Ich besiegen können, werden wir die siebente Note der Oktave berühren.

Die Welt wird es eine vorübergehende religiöse Erweckung nennen. Aber es wird mehr sein als das. Es wird eine hohe Bestimmung sein. Es wird der nächste Schritt auf dem Entwicklungsweg der Menschheit sein.

Betrachtung

Vater, hilf uns, unsere Selbstliebe in Deiner größeren Liebe zu verlieren, unseren Eigenwillen in Deinem göttlichen Willen! Vater, hilf uns, über die höchste Spannung in all den Krisen unseres Lebens zu kommen! Wir bitten Dich, bewahre uns vor dem Mißbrauch der göttlichen Gabe der Freiheit, die Du uns, Deinen Kindern, gegeben hast. Erspare uns die Schande, daß wir Zeugen von Taten werden, die zur Entartung dieser Freiheit in einen Eigenwillen führen, in einen Eigenwillen, dem nichts heilig oder verboten ist. Hebe unser Bewußtsein empor und erleuchte uns, daß wir sehen können, wohin ungehemmte und ungebundene Freiheit uns führen kann, so daß wir es lernen, diese Freiheit weiser zu gebrauchen!

Vater, wir möchten gerne die Freiheit, die Du uns gegeben hast, erhalten und achten, obwohl wir uns bewußt sind, daß in ihr die Möglichkeit zu beidem beschlossen liegt, zum Guten und zum Bösen. Wir möchten die Strafe und die Leiden für unsere Fehler nicht nur als einen Preis anerkennen, den wir für das Lernen bezahlen, wie man diese kostbare Gabe der Freiheit gebrauchen soll, sondern auch als Beweis dafür, daß die selbstgewählte Freiheit der Wahl die größte Gabe ist, die Du uns schenken konntest.

Mögen wir getröstet werden durch das Wissen, daß jede Freiheit, die wir durch Mißbrauch verdorben haben, in Deiner Liebe gewandelt und in dem Augenblick in uns wiedergeboren werden kann, in dem wir unser Leben und unseren Willen völlig Dir übergeben.

Wir möchten gerne unter das Gesetz geistiger Schwerkraft kommen, welche das Reich der göttlichen Liebe ist, in der uns die Anziehungskraft Deiner Liebe so unwiderstehlich anzieht, wie uns die Schwerkraft der Materie zur Erde zieht.

Eingehüllt in die große Kraft Deines Geistes, könnten wir vor den tragischen Krisen der äußeren Welt bewahrt werden, wenn es Dein Wille ist, Vater. Doch wenn wir hindurchgehen müssen, dann gib uns die Kraft, willig und unerschrocken zu gehen, wissend, daß nichts, was uns gegeben werden soll, umsonst gegeben wird.

Wir bitten es im Namen des Einen, der Seine letzte Krise so bestand, wie wir gerne die unsere bestehen möchten. Dank Dir, Vater!

Sprich das heilende Wort

Göttliche Energie ist die Quelle alles Lebens. Es ist das Leben, welches das wiederherstellende Werk in unserem Körper leisten muß, sei es durch Vermittlung von Arzneien, Vitaminen, Enzymen oder der Nahrung, was es auch immer sei - das Lebensprinzip in ihnen weckt das Lebensprinzip in uns und die Natur (Gott) heilt wieder.

Als Hahnemann das Studium der Medizin begann, sprach er von einem Grundelement in jeder Arznei, welches er das Lebenselement nannte. Er sah es als die Kraft Gottes in jeder Substanz an. Er entdeckte, daß diese Kraft noch viel wirksamer gemacht werden könne, wenn man sie in unendlich kleine Teile zerlegte. Deshalb geben die homöopathischen Ärzte nur minimalste Teile von Arzneimitteln. Einige dieser Mittel werden bis zu einem Tausendstel zerkleinert (man spricht von der Tausendstel-Potenz) und viele von ihnen zeitigen erstaunliche Erfolge.

Die ältere Schule der allopathischen Ärzte reichte Mengen von Arzneien, die gewaltig und drastisch in ihrer Wirkung waren, oft fast mehr, als der Körper bewältigen konnte, und doch, indem sie die Gesundungskräfte im Körper weckte, hatte auch sie wunderbare Heilungen zur Folge.

Das chiropraktische System hat die Methode von Dr. Still so abgeändert, daß die Wirbelsäule einfach wieder eingerichtet wird, so daß der Druck auf die Nerven wegfällt und der Nervenstrom die Zellen wieder normal versorgen kann. Das brachte ihnen wieder Leben und die Heilungen folgten auch hier.

Mac Fadden bewegte sich auf der gleichen Linie mit seiner Körper-Kultur, die Heilungen wurden mit Übungen und Massagen erreicht.

Alle diese Pioniere mußten mit großem Glauben und

fester Überzeugung arbeiten. Sie mußten ihre Methode predigen und überall Anhänger gewinnen. In gewissem Sinne gehörte das alles in das Gebiet der Religion, da jeder seine Erfolge durch den Glauben an sein System erzielte. Die Medizin unserer Tage wandelt sich rasch. Die Mehrzahl der Rezepte enthält jetzt jene Mittel, die natürlich und normal sind. Es wird damit versucht, dem Körper die Stoffe zuzuführen, die er nicht mehr selbst herstellen oder aus der Nahrung herausziehen kann. Es sind das Hormone, Enzyme, Minerale, Vitamine und Chlorophyll - Präparate. Das ist ein Schritt vorwärts zum Natürlichen, aber er genügt nicht, weil die Zellen dadurch von etwas abhängig werden, das von außen kommt, statt ihren Antrieb durch innere Lebenskräfte zu erhalten, die es ihnen möglich machen, richtig zu funktionieren.

Der Lebensimpuls liegt im Unterbewußtsein. Er ist das, was Bergson die Lebenskraft nennt, der Wille zum Leben. Es gibt auch einen Willen zum Sterben. Nietzsche lehrte, daß der Wille zum Sterben stärker sei als der Wille zum Leben. Es scheint manchmal, daß die Lethargie und die Stumpfheit stärker sind als der Drang zur Vollkommenheit; aber wir vermuten mehr und mehr, daß der Wille zum Sterben eher ein Zeichen von Unreife, als eine Erbeigenschaft des Menschen ist. Es ist ein kindischer Zug, den aus Bauklötzchen errichteten Turm einzustürzen oder die Zeichnung zu zerreißen, die nicht dem geistigen Bild entspricht, das man sich davon gemacht hat.

In „Also sprach Zarathustra" lobt Nietzsche den kindlichen Drang im Menschen, zu bauen, um zerstören zu können. Er drückt es so aus: Ich liebe den, der die Schöpfung über sich selbst hinaus will und dann untergeht. Der Wunsch zum Zerstören mag stärker sein als der, aufzubauen. Der Wunsch, den Kampf ums Dasein zu beenden, mag stärker sein als der Wunsch zum Leben. Der eine Wunsch kann im Bewußtsein existieren, während der andere im Unterbewußtsein ruht. Dieses Vorhandensein zweier gegensätzlicher oder sich widerstreitender Gefühle wird im Psychologen-Sprachgebrauch als Doppelwertigkeit bezeichnet. Dr. Arnold Hutschnecker prophezeit in seinem Buch „Der Wille zum Leben", daß das gegenwärtige Zeitalter einmal „das Zeitalter der Doppelwertigkeit" genannt werden wird.

Wir verdanken es Freud, daß er diese Gefühlsgegensätze geklärt hat, so daß wir sie nicht mehr als entgegenstehende Kräfte des Guten und Bösen ansehen, sondern eher als gegenüberstehende Instinkte, ein jeder der Ausdruck des gleichen Lebensdranges in uns,der eine mehr zum negativen, zerstörenden Pol, der andere mehr zum positiven oder lebenspendenden Pol hin. Freud sah es als den Kampf zwischen dem schöpferischen und dem zerstörenden Instinkt an. Wenn der zerstörende über den schöpferischen Instinkt die Oberhand gewinnt, wird die Harmonie des Körpers zerstört.

Das ist wahrscheinlich der Grund, warum all die tapferen Versuche, Männer und Frauen durch hygienische Maßnahmen oder durch äußere Behandlung und Anwendung verschiedener Mittel gesund zu erhalten, nicht Schritt halten können mit der Zahl derer, die leiden und sterben. Die Ursache ist tiefer und feiner, als wir angenommen haben. Unser Problem besteht in zunehmendem Maße darin, die tiefer liegenden Ursachen zu verstehen und sie unseren Patienten klarzumachen, so daß sie einen Weg finden können, ihren Willen zum Leben zu wecken und zu stärken. Denn der kann geweckt und gestärkt werden. Der biologische Wille zum Leben, von dem wir immer geglaubt haben, er sei ein Lebensgesetz, scheint nicht stark genug zu sein, um uns durch den Irrgarten der Gefühlskonflikte zu führen, in die uns unsere zivilisierte Welt geraten läßt. Wir müssen eine zusätzliche Kraft der Moral und des Gefühls haben, die uns unterstützt.

Dr. Hutschnecker geht in dem oben erwähnten Buch so weit, zu behaupten, daß wir nur sterben, wenn wir dazu bereit sind. Daraus folgt, daß der Organismus all die aufbauenden Kräfte in sich hat, die nötig sind, um ihn wieder zum Normalen zurückzuführen, wenn noch ein Ansporn zum Leben da ist. Aber wir müssen wirklich leben wollen.

Das bedeutet, daß wir in den kommenden Jahren etwas haben, für das wir leben wollen. Wir können nicht hoffen, den Ansporn zum Leben, den wir suchen, in pessimistischen Philosophien zu finden. Nietzsche sagte: „Behaupte Dich selbst. Kümmere Dich nur um Dich! Schwäche ist ein Laster, Stärke allein ist eine Tugend! Sei ein Übermensch! Nimm die Welt, solange Du sie erobern kannst!" Aber seine Philosophie brachte ihm weder die Erfüllung, noch eine geistige Befriedigung, noch ein langes Leben. Er starb in einem Irrenhaus und seine Philosophie brachte die Welt an den Rand der Vernichtung. Kein Wunder, daß jemand von einer solchen Philosophie gesagt hat: „Ihr Ursprung ist Selbstsucht, ihr Ende Selbstmord".

Die Welt hat es mit materialistischen Lehren in allen möglichen Variationen versucht, aber alle haben versagt. Es gibt noch eine Lehre, die die Welt noch nicht in ausreichendem Maße beherzigt hat, und das ist die Lehre der Religion, die in höchster und bester Potenz durch Jesus von Nazareth gelebt und gelehrt wurde. Er versicherte, daß wir das Leben finden würden, wenn wir es von uns würfen. Es gibt im Grunde genommen nur zwei Philosophien - die vom Ich und die vom Nicht-Ich. Housman's kleines Gedicht richtet eine Frage an uns:

„Und da wir, liebe Seele, nicht fliegen können zum Saturn und zum Merkur, müssen wir befolgen, wenn wir es können, diese fremdartigen Gesetze von Gott und Mensch".

Sind sie fremdartig? Wir geben zu, daß sie uns manchmal so vorkommen. Sind wir bereit, zuzugeben, daß die Gesetze, wie sie in der Bergpredigt niedergelegt sind, der menschlichen Natur fremd sind? Die westliche Welt ruft heute: „können wir danach leben"? Und die übrige Welt erwidert mit der widerhallenden Bitte: „Wollt ihr es versuchen?"

Einer der mutigsten geistigen Führer unserer Zeit, Frank Laubach, schreibt in „Ein Ruf zum geistigen Fortschritt" was mir als die größte Herausforderung erscheint, die jemals an die Nachfolger Jesu Christi ergangen ist: „Wenn Jesus unrecht hatte, haben wir die Vernichtung zu erwarten. Wenn er recht hatte, müssen wir recht werden oder untergehen. Wir, die wir beten, sind wichtiger als der größte Wissenschaftler, der nicht betet. Er kann die Menschheit zerstören; wir können sie retten, wenn Jesus die Wahrheit gesagt hat. Wenn Jesus die Wahrheit gesagt hat, dann ist das Leben der Christen unserer Tage eine Lüge, in die wir alle mit-einbezogen sind, denn wir verleugnen seine Wahrheit in unserem Leben, während wir sie mit unseren Zungen predigen".

Was Frank Laubach für uns als Gemeinschaft voraussagt, kann mit der gleichen Berechtigung für uns als Einzelne vorausgesagt werden. Wenn ihr keine Ganzheit in der Materie finden konntet, warum richtet ihr dann nicht euer Suchen eine Zeitlang auf die geistige Ganzheit? Wenn die materielle Medizin und die Chirurgie keine Erleichterung und Gesundung brachten, warum lenkt ihr dann eure Aufmerksamkeit nicht der Psycho-Analyse mit christlicher Betonung zu und lernt, wie ihr eure Körperzellen der Quelle allen Lebens gegenüber direkt öffnen könnt? Warum nicht das Manna des Geistes suchen, um mit ihm ohne äußere Mittel das innerste Selbst zu nähren?

Das bedeutet, eine innigere Verbindung mit dem Geistigen herstellen. Du gehst direkt zu der Quelle des Lebens anstatt den Umweg über ein äußeres Mittel. Das erfordert vielleicht etwas mehr Phantasie und etwas mehr Wagemut. Trotzdem frage ich mich manchmal, ob es nicht mehr Phantasie erfordert, in der Arznei das gottgegebene Leben zu sehen, das uns hilft, als zu denken, daß das Leben selbst in weit stärkerem Maße in uns hineinkommt, um das gesund und stark zu machen, was der Hilfe bedarf.

Es gab eine Zeit, in der es mir leichter war, das erstere zu glauben, aber nun scheint es doch sehr einfach, an die Fülle des Lebens zu denken, die uns immer und in jeder benötigten Menge erreichbar ist, wenn wir nur nach ihr fragen und uns ihr öffnen. Die Quelle alles Lebens ist eine ungeheure Energie. Denk an sie als die lebendige Kraft des Universums, als den Lebensstoff des Alls, von dem alle lebenden Dinge kommen und abhängen.

Niemand wußte mit größerer Gewißheit als Jesus, woher die Kraft kommt, die das Leben fördert und die uns Heilung bringt. Es gibt nur ein Leben; es gibt nur eine Kraft; es gibt nur eine Heilquelle. Das Leben heilt. Aber es scheint, daß wir nicht genügend davon haben, um damit zu wirken, es auch nicht in seiner höheren, klareren Schwingung haben, unberührt und ungebunden von unserem verdorbenen Denken. Es muß geradewegs aus der unendlichen Quelle kommen, und es kommt in dem Augenblick, in dem wir Ihm vertrauen und das heilende Wort sprechen.

Wir sollten nicht zögern, das heilende Wort zu anderen oder zu den Zellen unseres eigenen Körpers zu sagen. Wir werden uns nicht fürchten, dieses Wort zu sagen, wenn wir immer daran denken, daß wir es nicht aus uns und durch uns tun können. Wir können es nur im Namen und im Wesen Jesu Christi sagen, dem Einen, der uns befahl, in Seinem Namen zu sprechen, wie Er im Namen und im Wesen des himmlischen Vaters sprach.

Wenn wir das Wort sagen, öffnen wir uns diesen unendlichen Quellen des Lebens und der heilenden Kraft. Wenn wir es für andere sprechen, leiten wir es ihnen zu, indem wir sagen: „Im Namen und Wesen Jesu Christi sprechen wir das Wort der Heilung zu Dir! Sei gesund! Sei geheilt! Sei ein Ganzes, sei es jetzt, denn dies ist der Tag des Herrn. Das Licht des Herrn durchdringt jetzt jede einzelne deiner Zellen. Es dringt in deinen Körper in großen Kraftströmen und du wirst geheilt!"

Du mußt dich ganz fallen lassen und dich ohne Furcht oder Spannung lockern. Jeder Schatten eines Zweifels und der Angst wird den Strom von Gottes heilender Liebe vermindern. Das Unterbewußtsein muß mit dem Bewußtsein zusammenwirken. Das ist Ganzheit und das ist der erste Schritt zum Vollbringen der körperlichen Heilung. Der sicherste Weg zur Erreichung dieses Zusammenwirkens ist der, uns von uns selbst frei zu machen und damit zu beginnen, für andere zu beten. Das ist es, was Jesus meinte, als er sagte, wir sollen unser Leben von uns werfen.

Wir öffnen diesem göttlichen Strom den Weg, wenn wir

für andere um Heilung bitten. Wir drehen den Schalter an, wenn wir uns völlig frei machen und unsere eigenen Nöte vergessen. Wenn der Kreislauf geschlossen ist, gibt es keine Unterbrechung des Stromes mehr. Er fließt aus Gottes Herzen in eure Herzen, durch uns zu dem, für den wir bitten und zurück zu Gottes Herzen. Während er durch uns hindurch fließt, fühlen wir die heilende, lebenspendende Kraft, die verjüngt und all die schlummernden Zellen in uns zum Leben erweckt. Er ist kein Anreizmittel, das nachläßt, sobald die Wirkung vorbei ist. Er ist nicht nur eine vorübergehende Hilfe. Er ist das Leben selbst, das uns berührt. Eine Berührung durch dieses mächtige Leben gibt Hoffnung.

Wenn ihr in etwas Hoffnung setzt, worauf niemand hoffte, habt ihr ihm Leben gegeben. Das ist die Heilsbotschaft, das gute Zauberwort, die Botschaft von der großen Freude, die da sagt, daß nichts unmöglich ist. Sei frohen Mutes, Dein eigener Glaube wird dich gesund machen. Aber diesem Glauben dürfen keine menschlichen Eigenschaften anhaften, und nichts von unserem eigenen kleinen Selbst darf darin sein.

In unserer Arbeit in Merrybrook in Vermont haben wir von unseren Fehlern so viel gelernt, wie von unseren Erfolgen. Wir haben Euch von der Frau erzählt, die ihre eigenen Bedingungen für ihre Heilung aufstellte und sie so unmöglich machte, obwohl die Untersuchungen im Laboratorium ohne Zweifel bewiesen, daß der heilende Einfluß des Gebetes das Wachstum eines Krebsgeschwüres innerhalb von 3 Monaten zum Stillstand gebracht hatte.

Ein anderer Fall von Zungenkrebs kam zwei Jahre später zu uns. Sie war seit vielen Jahren eine Wahrheitssucherin. Als jedoch das Geschwür auftauchte, schien sie nicht imstande zu sein, ihm mit Gebet zu begegnen. So wurden Teile des Geschwürs herausgenommen und später Radiumkörner in die Gegend des Geschwürs eingepflanzt. Als die Zeit verging und offensichtlich keine Besserung eintrat, sagten ihr die Ärzte, sie könnten nichts mehr für sie tun. Da kam sie zu uns, um in einer Atmosphäre der Liebe und des Gebetes zu leben. Obwohl sie ihren Glauben ständig beteuerte, stellten wir doch bald fest, daß da ein ernsthaftes Hindernis war, aber wir konnten die Ursache nicht ergründen. Das Essen wurde ihr immer beschwerlicher, sie wurde zusehends schwächer, bis wir ihr vorschlugen, lieber nach Hause zu gehen, wo sie liebevolle Pflege und jede Annehmlichkeit haben würde. In ihrer darauf folgenden Antwort erhielten wir die erste Andeutung einer unterbewußten Ursache, deretwegen die Heilung bei ihr nicht eintrat: „Aber ich kann nicht nach Hause zurück!"

Das war eine überraschende Feststellung; denn wir wußten, daß ihre Familie alles für sie tun würde. „Ich kann nicht heimgehen, so daß alle erfahren, was mit mir geschehen ist. Ich kann es nicht ertragen, wenn die Leute dann kommen und mit mir darüber reden, und mich bedauern, weil ich nicht geheilt wurde. Denn ich habe mein ganzes Leben lang von der Heilung durch das Gebet geredet und gelehrt. Nein, bitte, verlangen Sie nicht von mir, daß ich so heimgehe, das kann ich nicht ertragen!"

Da war er also — der geistige Hochmut; wahrscheinlich in seiner zartesten und verheerendsten Form! Wir versuchten ihr zu helfen, den Hochmut zu erkennen. Wir sprachen jede Seite ihres Wesens an und gaben ihr verschiedene Vorschläge, was sie sagen könne, wenn sie wieder zu Hause sei. „Sage ihnen offen und ehrlich, daß du nicht geheilt bist, daß du aber für die letzten Tage, die dir noch gegeben sind, zurückkommen möchtest. Sage ihnen, du glaubst noch immer, daß es nicht unmöglich ist; daß deine Heilung zwar nicht erreicht wurde, daß du sie aber wissen lassen möchtest, daß du deinen Glauben nicht verloren hast, daß du immer noch glaubst, wenn du alle Voraussetzungen aufbringen könntest, wäre deine Heilung augenblicklich möglich. Und dann bitte sie, ihren Glauben nicht um deinetwillen zu verlieren. Du möchtest ihren Glauben stärken, nicht schwächen. Du möchtest, daß sie weiterforschen und noch mehr herausfinden, was für Bedingungen geschaffen werden müssen, damit andere, die nach dir kommen, geheilt werden können. Wir gaben ihr zu bedenken: „Meinst du nicht, daß das diesen Menschen mehr helfen würde, als wenn du strahlend gesund nach Hause kommen würdest?"

Denn seht, wir fanden, daß, wenn sie nur dieses kleine bißchen Ich in sich überwinden und ihren Hochmut ablegen könnte, würde sie das einzige Hindernis für ihre Heilung wegräumen. Einige Tage später sprach sie das aus, was ihr auf der Seele lag, was sie im stillen dachte: „Jesus versprach, daß Er uns niemals aufgeben oder verlassen würde. Wenn Er mich nicht heilt, hat Er mich verlassen!" O meine Lieben, wir sahen zum erstenmal, was Gotteslästerung ist! Wie leicht ist es doch, Gott für einen Fehlschlag zu tadeln, wenn wir uns gleichzeitig eigensinnig und eigenwillig gegen den Strom seiner heilenden Liebe stellen.

Wir hören Euch sagen: „Wie könnt ihr dieser heilenden Liebe so sicher sein?" Wir können Euch antworten, denn wir haben noch einen anderen, gleichartigen Fall erlebt, in dem es eine vollständige Heilung durch das Gebet gab, weil dieser Patient imstande war, sein Ich aufzugeben und alle selbstischen Hindernisse wegzuräumen. Dieser Mann war wegen eines bösartigen Geschwürs auf der Zunge operiert worden. Dann wurden Radiumkörner eingepflanzt. Als keine Besserung eintrat, wurde von Seiten der Ärzte das Urteil gefällt: Keine Hoffnung mehr! Doch durch Gebet und Glauben ist derselbe Mann heute vollständig geheilt. Natürlich haben ihn die Ärzte, die ihn operiert haben, eingeladen, vor einer Gruppe von Studenten zu erscheinen und zu zeigen, daß ein Krebs mit den Löchern, die die Radiumkörner gebrannt hatten, geheilt worden war.

Betrachtung

Verneinen heißt verleugnen. Negative Ansichten verleugnen die Kraft Gottes. Aber es gibt einen guten Gebrauch des Negativen. Jesus wandte ihn an, als Er das Fieber ausheilte, von dem die Schwiegermutter des Simon

Petrus geplagt wurde. Er schalt nicht sie, weil sie das Fieber hatte, nein, er schalt das Fieber, als ob er zu ihm sagen würde: „Komm heraus aus ihr! Du gehörst nicht hierher, was hast du hier zu schaffen?"

Was hat Temperament oder Heftigkeit in einem Kind Gottes zu schaffen? Wenn wir die Schwiegermutter des Petrus als ein echtes Kind Gottes ansehen, wie unser Vater sie gemacht hat, werden wir alles tadeln, was geringer ist als ihre Vollkommenheit, und das Fieber wird von ihr weichen. Es kann nicht bleiben, denn nichts Negatives kann im Licht der positiven Ordnung von Gottes Macht bestehen. Wenn wir „schelten", befehlen wir in dem mächtigen Namen Jesu Christi, daß der unerwünschte Eindringling verschwinden soll. Wir können dem, was wir in uns und in anderen nicht wünschen, befehlen, fortzugehen und nie wiederzukommen. Dann müssen wir besonders vorsichtig sein, daß wir nicht in die alten Denkgewohnheiten zurückfallen. Wir müssen die negativen Gedanken durch positive ersetzen und sie positiv erhalten.

Wenn wir uns schwach fühlen oder unzulänglich — dann laßt uns das Geburtsrecht des Christus-Wesens in Anspruch nehmen, das da sagt: „Ich bin stark in dem Herrn und in der Macht seiner Stärke", oder die Erklärung von Paulus: „Ich vermag alles durch den, der mich stark macht, nämlich Jesus". Wenn wir bei der Überwindung einer Gewohnheit versagen, läßt uns den Fehlschlag zugeben und Jesus einladen, hereinzukommen und in uns zu leben, bis wir es durch seine Art gelernt haben, schwierige Lagen zu meistern.

Diese Übung hat man das „Geißeln mit den kleinen Strikken" genannt. Dadurch vertreiben wir mit der Hilfe des Meisters die falschen Gedankenverbindungen und den Glauben an die äußere Welt aus dem Tempel unseres Seins und erfüllen ihn mit der Ganzheit Gottes. Wir begegnen allem, was schmerzlich, kummervoll oder schlecht zu sein scheint, und entdecken dabei ein Geheimnis. Und das Geheimnis ist, daß Gott auch im Schmerzlichen, Kummervollen und Schlechten ist, nur so verzerrt, entstellt und menschlich gesehen, daß das Gute darin verdunkelt ist. Wir lernen, die Welt mit neuen Augen zu betrachten, so daß wir sie sehen, wie Gott sie gemacht hat. Mit Hilfe dieses zweiten Gesichts bringen wir alles in seine ursprünglich vollkommene Gestalt zurück. Das ist unsere Arbeit. Wenn wir für unseren Vater arbeiten wollen, müssen wir in allem Gott sehen. Es gibt nur einen Gott, eine Macht, und diese Macht ist Allmacht. „Gott sah an alles, was er geschaffen hatte und siehe, es war sehr gut." Es ist noch immer gut. Der Fehler liegt in unserem Urteil, in unserem Denken. Reinige den Tempel und die Vollkommenheit, die da ist, wird offenbar! Dank sei Dir, Vater!

Weitere Betrachtung

Nimm den Namen Jesus. Betrachte diesen Namen als das einzigste Wort, das du zum Gebet brauchst. Fühle Jesus! Siehe Ihn, wenn du kannst. Du darfst deine eigene Schau von Ihm, deine eigene Deutung, dein eigenes Gefühl seiner Gegenwart haben. Wenn du nichts von alledem hast, hast du doch den Namen!

Nimm den Namen! Sprich ihn immer wieder leise aus, als sprächest du direkt zu Ihm! Berühre Ihn mit deinem Wort, dann fühle die Macht seines Geistes in dir und in allem Wirken, dich einhüllend, dich erfüllend! Fühle diesen Geist im Raum, bis er durchdrungen ist mit dem höheren Bewußtsein, in das nichts mehr eindringen kann. Laß Ihn das Zeitmaß bestimmen. Er wird eine so hohe Schwingung schaffen, daß alle anderen Schwingungen darin aufgefangen werden. Auf diese Weise ändern wir das ganze Kraftgefüge unseres Seelenlebens.

Wenn wir von negativen Zweifeln befallen werden, wenn Befürchtungen und Fragen und etwas von unserem niederen Selbst uns bedrängen, von uns Besitz ergreifen und unsere Aufmerksamkeit in Anspruch nehmen wollen, brauchen wir nur diesen Namen auszusprechen, wie wenn wir um Hilfe rufen würden, und wir werden gleich wieder emporgehoben. Denn in dieser Gegenwart kann nur das Höchste und Heiligste existieren. Alles andere muß vergehen, kann nicht in der Atmosphäre dieser höheren Liebe leben.

Darum sprich den Namen und hebe die Menschen, für die du beten willst, in die Arme des Herrn empor und gib sie ihm. Reiche sie ihm so, wie du ein Kind seiner Mutter reichen würdest. Übergib sie ganz seinem Leben, seiner heilenden Liebe und laß dein Herz in Dankbarkeit überquellen. Löse dich dabei von allen Gefühlen. Du hast sie übergeben — Er hat sie genommen und in seinem Namen und in seinem Wesen kommt die Ganzheit für die, für die du gebetet hast.

Laß keine Frage, laß keinen Atemzug der Besorgnis dazwischenkommen. Du hast den Kontakt hergestellt, du hast den Namen ausgesprochen und du hast sie in die Arme gegeben, in denen die Gewißheit der Heilung liegt. Entlasse sie in Dankbarkeit und wiederhole nur Dankesworte. Dank sei Dir, Jesus, Dank Dir, Vater!

Das „Ich bin"

„Des Menschen Geist ist eine Leuchte des Herrn"
Sprüche Salomos XX, 27.

Als Jesus sagte: „Ich bin der Weg, die Wahrheit und das Leben", meinte Er da nur sich selbst, den Jesus von Nazareth, oder meinte Er das in dem Sinne, wie es zu Moses gesprochen wurde, als Übereinstimmung mit dem höchsten Wesen des Seins?

Sagte Er uns, daß das „Ich bin" in jedem von uns der entscheidende Grund ist, daß alles, was wir in der Nachfolge dieses „Ich bin" sagen, für uns wahr ist?

Wenn wir diese zwei Worte „Ich bin" mit dem Einen gleichsetzen, der von allen das vollkommenste Leben lebte, dann wird Er wahrhaftig der Weg, die Wahrheit und das Leben für uns, und wir, die wir uns mit Ihm identifizieren, werden durch Ihn in ein höheres Leben und Verstehen gelangen.

Hiob zeigt uns dieses Problem, das jeder Mensch in seinem Suchen nach seiner wahren Indentität lösen muß. „Wer bin ich", das kleine oder das große Ich? Hiob sagte „Ich bin gerecht" und in der nächsten Hälfte des Satzes „Ich achte mich selbst gering". Dieser scheinbare Widerspruch fordert viele Sucher heraus, aber in diesem Satz stellt Hiob nur die Gegensätze fest und bringt seinen Gehorsam zum Ausdruck.

„Ich achte mich gering" schloß die Tür für sein menschliches Wesen. „Ich bin gerecht" öffnete die Tür zu seinem göttlichen Wesen. Er wußte, daß sein eigentliches Wesen eins war mit dem Vollkommenen, und er wußte auch, daß, wenn er etwas geringeres als die Gotteskindschaft verlangte, er dem Höchsten in sich untreu werden würde.

Hier liegt ein verwirrender Gegensatz für den beginnenden Sucher vor. Er hat manchen von uns zeitweise verwirrt. Hiob kannte die Gefahr, wenn man seine Indentität so kühn ausspricht, denn er sagte: „Wenn ich spreche, werden meine eigenen Worte mich verdammen." Nicht, weil sie nicht wahr sind. Die Verdammung, die er erwähnt, ist die Verdammung durch die Schriftgelehrten und Pharisäer seiner Zeit. Die Pharisäer dieser Welt verdammen immer den, der es wagt, seine absolute Einheit mit dem Vater zu erklären. Als Jesus es getan hatte, gab Er den Pharisäern seiner Zeit den Beweis, den sie brauchten, um Ihn der Gotteslästerung anzuklagen und Ihn zum Tode zu verurteilen.

Wir haben uns wahrscheinlich noch nicht klargemacht, daß, wenn wir uns aus der einen Erfahrensebene in die höhere begeben, im rechten Winkel zu der Ebene bewegen, die wir verlassen haben. Wenn wir bisher auf der Ebene von Mir und Mein gehandelt haben und dann in eine höhere Ebene des Dir und Dein schreiten, erscheinen uns die Gesetze der höheren Ebene im rechten Winkel zu der Ebene, die wir verlassen haben. Die Gesetze der höheren Ebene scheinen den Gesetzen der niedrigeren Ebene immer diametral gegenüberzustehen.

Zuerst ist es schwierig, diesen radikalen Wandel zu erfassen und es ist uns, als würden wir in unserem Aufwärtsstreben einem Widerspruch nach dem anderen begegnen. Aber seid guten Mutes! Es ist nicht unmöglich, das zu begreifen. Die Wahrheitsucher stehen in ihrer Verwirrung nicht allein. Die Naturwissenschaftler finden ähnliche Schwierigkeiten auf ihrem Weg in bisher unentdeckte Bereiche der Weltall-Gesetze. Gewisse Phänomene, die sich in der Verschiedenheit der Wellenbewegungen des Äthers und der Quantentheorie zeigen, waren geheimnisvoll und unbeantwortbar nach den Gesetzen der Materie, bis die Theorie der Wellenmechanik, die Mechanik der sub-atomaren Elemente sie erklären konnte.

Wie in dem Kapitel „Krisen" schon gesagt wurde, hat diese Abweichung von den Gesetzen die modernen Wissenschaftler beunruhigt. Sie fühlen den Zwang, zwischen den zwei Welten einen Zusammenhang herzustellen, die jetzt vor ihnen auftauchen: zwischen der Welt der Moleküle, deren Gesetze wir recht gründlich in ein System gebracht und geprüft haben und der Welt der Elektronen, die reine Energie darstellt, die die Grundlage der Materie bildet, deren Gesetze jedoch mit den Gesetzen der Materie nicht übereinstimmen.

Im Jahre 1895 weckte Röntgen in Paris die Welt mit der Entdeckung der Radiumstrahlen auf, die durch die Materie drangen, als wäre sie ein poröser Schwamm.

Im Jahre 1898 entdeckten die Curies die Radioaktivität und die festbegründete Welt des 19. Jahrhunderts wurde plötzlich in einen neuen Erfahrungsbereich versetzt. Aus Körpern unbeweglicher Materie wurde eine Welt sich bewegender, lebender, dynamischer Struktur, in der alles von einer verborgenen Energie erfüllt ist.

Heute haben wir eine Welt vor uns, in der praktisch alles bisher Meßbare verschwunden ist. Die materiellen Begriffe werden von ihrem Fundament her erschüttert, weil das Fundament selbst unhaltbar geworden ist. Dichte, spezifisches Gewicht und Oberflächenspannungen verschwinden, wenn wir uns dem absoluten Nullpunkt nähern, der bei - 273.1 Centigrad liegt.

Wenn wir 100 Centigrad als Siedepunkt annehmen, können wir schätzen, daß - 273.1 recht kalt sein muß, aber kein Wissenschaftler kann die Veränderungen erklären, die bei dieser niedrigen Temperatur stattfinden, weil sie nicht mit den bis jetzt bekannten Gesetzen der Materie übereinstimmen.

Auf dem Gebiet der Luftfahrt wiederum begegnen wir erstaunlichen Tatsachen, die im Gegensatz zu den bekannten Gesetzen der Physik stehen. Raumschiffe, die mit einer Schnelligkeit und auf einem Kurs fliegen, der die Schwerkraft aufhebt, ziehen als unheimliche Phänomene vor den Augen der staunenden Welt vorbei. Auf der höchsten Luftwaffenschule der Vereinigten Staaten für Luftfahrt- Medizin, ist es dringend erforderlich geworden, das Gesetz der Schwerelosigkeit zu erforschen. Die Wirkung der völligen Schwerelosigkeit sowohl auf die Raketen als auch auf die Menschen, die sie steuern, wirft völlig neue Probleme auf. Der erste Chirurg der Luftwaffe sagte: „Wir haben eine neue Grenze erreicht." Irgendwo, nicht zu weit von dieser neuen Grenze entfernt, kommt der Nullpunkt der Schwerkraft und jenseits davon, in nicht allzu ferner Zukunft, liegt das interplanetarische Reisen.

Aber der menschliche Körper ist nicht ausgerüstet für diese Erfahrung der Schwerelosigkeit, und einige sehr einfache Vorgänge werden recht kompliziert. Unsere Kehle ist so gebaut, daß ein Zurückfließen der Nahrung unter dem gewohnten Einfluß der Schwerkraft nicht möglich ist, wenn sie einmal geschluckt worden ist. Aber wenn nun keine Schwerkraft vorhanden ist, um die Nahrung zu schlucken, können kleine Teile davon in die Nase steigen, wie die Blasen eines mit Kohlensäure gefüllten Getränkes und lassen uns ersticken. Unsere Geschmacks- und Tastsinne sind in Ordnung, aber wir können uns auf einem Raumschiff nicht bewegen, wie wir es auf der Erde gewohnt sind. Wenn wir unsere Füße vom Fußboden erheben, springen wir wie ein Ball in die Höhe; denn da ist nichts, was uns niederhalten kann. Werfen wir die Zigarette fort, fällt sie nicht auf den Boden, sondern bleibt in der Luft schwebend hängen, oder nähert sich langsam dem Ventilator. Wir halten uns an unseren Stühlen oder schweben zu ihnen hin, wenn wir gehen, schieben wir einen Fuß vor den anderen, indem wir beide auf dem Boden lassen, wenn wir nicht mit dem Kopf an die Decke stoßen wollen.

Neue Grenzen! Dies waren nur schwache Beispiele von den neuen Dimensionen der Welt von Morgen. Große Dinge liegen vor uns. Wenn wir versucht sind, nur an das Chaos und die mögliche Zerstörung zu denken, die der Welt drohen, wollen wir unsere Aufmerksamkeit einen Augenblick vom negativen zum positiven Pol wenden und an die atemberaubenden Ereignisse denken, die um uns herum stattfinden. Wir können uns diese Mächte dienstbar machen oder uns von ihnen zerstören lassen. Alles hängt von unserem Mut ab, unbekannte Gebiete und unberührte Gefilde des Handelns zu betreten.

Wenn wir die Einheit mit unserem höchsten Selbst herstellen und die Macht des „Ich bin" kennenlernen, werden wir uns sicher bewegen. Wenn wir es von der Ebene des „Mir und Mein" versuchen, werden wir unter dem Wagen des Moloch zermalmt werden. Wenn wir das „Mir und Mein" verlieren und in das „Dir und Dein"-Bewußtsein aufsteigen, können wir Mitarbeiter der schöpferischen Intelligenz des Universums werden und haben Teil am Entwicklungsprozeß der Menschheit.

Was Lykurg in Sparta und Abraham in Palästina taten, können wir in unserer modernen Welt tun. Sie beendeten den Brauch des Menschenopfers, der dem Menschen für lange Zeit als einziger Weg erschienen ist, Gott oder die Naturgewalten zu versöhnen. Durch Lehren und Vorleben christlicher Psychologie können wir das ganze Gemetzel und Opfern der jungen Männer und Frauen aller Nationen auf dem Altar der Habgier und der Furcht beenden. Wir sehen immer klarer, daß wir alle Kinder eines Vaters sind, daher sind alle betroffen, wenn einem etwas zustößt.

Wir sind Zellen eines Organs, oder Organe eines Körpers. Wir können nicht allein existieren. Wenn wir vergessen, daß jede Gruppe von Zellen oder jedes Organ seine besondere Aufgabe hat und sie alle gleichförmig machen wollen, werden wir willkürlich. Wenn wir vergessen, daß all die anderen Zellen und Gruppen von Zellen demselben Organismus angehören, werden wir zu Individualisten. Weder Willkürliche noch Individualisten können Nachfolger Jesu sein. Das sind die Extreme des gleichen Irrtums, das ist die Weigerung anzuerkennen, daß wir zum Hüter unseres Bruders bestimmt sind. Wir können diese Bestimmung nicht voll anerkennen, bis wir unsere Einheit mit unserem gemeinsamen Vater anerkannt haben.

In der Theologie der Vergangenheit kannte man keine schöpferische Kraft in einem Menschen. Schöpferkraft war nur Gott allein gegeben. Die Menschen konnten sich keine schöpferische Kraft in sich vorstellen. Diese Idee von einer

Schöpferkraft im Menschen ist erst in den letzten 50 oder 100 Jahren aufgekommen. Sie wurde noch mehr gefördert seit dem Aufkommen der Tiefen-Psychologie, die uns die Hindernisse enthüllt, die den ungehemmten Strom der schöpferischen Kräfte in jedem Menschen verhindern. Die negativen Gewohnheiten und Empfindungen des kleinen Ich oder Mir sind alles, was der mächtigen Kraft des schöpferischen Ichs in einem jeden von uns im Weg steht. Sobald wir den wirkenden Kräften in uns freien Lauf lassen, werden wir einen Einbruch schöpferischer Kräfte erleben. Er geschieht so hoch über allem, was der Mensch bisher erlebt und erfahren hat, und das in einem einzigen Augenblick, der alles Vergangene auslöscht und ein großes, neues Erleben einleiten wird. Heute wird jede Frau und jeder Mann, die den Ruf und die Führung Jesu Christi annehmen und über die Bereiche des „Mir und Mein" in das Reich von „Dir und Dein" aufsteigen, wo das positive Werk des wahren „Ich bin" frei schalten kann, Mitarbeiter bei der Schöpfung dieser neuen Welt sein. Jesus nannte sie das Himmelreich. Aber viele, die Ihm nur einen Teil des Weges folgten, veränderten die geographische Lage dieses Himmelreiches von dieser Erde in ein Leben jenseits der Pforten des Todes.

In seiner reizenden Auslegung der Märchen bringt Glenn Clark sie in den Brennpunkt unserer gegenwärtigen Probleme. Als Goldlöckchen in das Bärenhaus kommt, probiert sie von allen drei Breischüsselchen, die auf dem Tisch stehen. Sie kostet erst von dem Brei aus der großen Schüssel von Papa Bär. Der ist ihr zu heiß; das ist die handgreifliche Auseinandersetzung, mit der die Menschen die Dinge ihrer Welt in Ordnung zu bringen versuchen. Dann kostet Goldlöckchen vom Brei aus der Schüssel von Mama Bär. Der ist zu kalt. Das ist der kalte Krieg der Strategien und Ideen, der weibliche Aspekt des Männlichen Mars. Als Goldlöckchen zur Schüssel des kleinen Bären kommt, findet es den Brei gerade recht, weder zu heiß noch zu kalt, aber es ist nicht genug davon da! Wenn nur mehr davon da wäre, könnte das die anderen Portionen übertrumpfen, aber ach, es ist nicht genug davon da.

Little Boy Blue gibt nicht auf seine Schafherde acht, weil er unter einem Heuschober liegt und fest schläft. Die Kräfte des Guten sind am falschen Platz. Die Schafe sind auf den Weiden und die Kühe im Maisfeld. Die Welt ist aus den Fugen, und es ergeht der Ruf an Little Boy Blue, sein Horn zu blasen und dabei das Wehen des Geistes auszulösen, das alles wieder ins rechte Lot bringt. Das Horn des Geistes ist das Gebet. Der Ruf, der an die Männer und Frauen der Welt von heute ergeht, ist: Betet! Wenn sie die Welt und sich selbst retten wollen, müssen sie sich aus ihrer Stumpfheit erheben und sich dem großen „Ich bin" anschließen.

Humpty-Dumpty saß auf einer Mauer. Heute würden wir sagen, er saß auf einem Zaun, d. h. er wußte nicht, auf welche Seite er sich schlagen sollte. Wenn er herunterfallen würde, könnten alle Mannen und Rosse des Königs ihn nicht wieder zusammenflicken. Des Königs Rosse werden heute als gewaltige Kräfte der Heere und Waffen sichtbar. Des Königs Mannen sind die Geisteskräfte, die in den Verwaltungsstellen um den Tisch sitzen. Aber weder Krieg noch Strategie kann die zerbrochene Welt wieder heil machen. Dr. Clark sagt, es gibt eine Zeile, die in dieser Geschichte unterschlagen wurde: Die Hilfe, die nie erprobt wurde, der König selbst. Weder des Königs Rosse, noch seine Mannen, sondern der König in den Herzen aller Menschen kann die Welt wieder zusammenrücken, kann Humpty-Dumpty wieder zusammensetzen.

Wir haben eine wissenschaftliche Welt vor uns, in der wir gezwungen werden, vieles zu berichtigen. Wir haben eine wirtschaftliche Welt vor uns, in der wir aus Althergebrachtem zu ganz neuen Kombinationen gedrängt werden. Wir haben eine geistige Wiedergeburt vor uns, die uns aus der niedrigen Dimension des kleinen Ich in die höhere Erkenntnis des kosmischen oder Christuswesens ruft. In allen Bereichen ist die Erweiterung des Bewußtseins die vordringlichste Aufgabe. Wir müssen die Begrenzungen unseres Zeltes weiterstecken, müssen die Lehren Jesu Christi mit einschließen, über die wir so lange geredet, aber, mit Ausnahme einiger weniger, nicht vorgelebt haben.

Drei kraftvolle Bücher von großen Männern des Gebetes sind uns im letzten Jahr geschenkt worden. Diese Bücher werden jedem Suchenden, der sie liest, die Probleme und die Lösung der Bedürfnisse unserer Welt aufzeigen. Jedes Buch weist in seiner Art auf das Gleiche hin, nämlich auf das Aufgehen der Menschheit in einem ausgeweiteten Christus-Wesen.

Frank Laubach, Lehrer von Millionen von Unbelehrten, verficht die Sache der christlichen Zusammenarbeit, des christlichen Dienens auf der ganzen Welt in seinem Buch „Wach auf, oder schrecke auf". In dem Buch „Der Weg zu heiliger Liebe" führt Starr Daily, den Neuling, in die Art Jesu ein, durch die unpersönliche Anwendung der Liebe Gottes Böses mit dem Guten zu vergelten. Glenn Clarks Meisterwerk „Das Reich Gottes" nimmt uns weit mit auf den Weg zu den höheren Ebenen des Lebens und erklärt viele Unzulänglichkeiten der christlichen Lehre. Z. B. erklärt er, daß überall in der Bibel Demut anempfohlen wird. Es ist uns allen gelehrt worden, daß Demut eine große Tugend sei. Viele Menschen fühlen sich vor den Kopf gestoßen, wenn wir vom Einssein mit Gott sprechen. Sie glauben, daß wir uns damit Gott gleich machen, daß wir Gott lästern, wenn wir solche Feststellungen treffen. Dr. Clark macht einen feinen Unterschied zwischen dem kleinen und dem großen Ich. „Es ist immer Demut und Demütigung des äußeren, leiblichen Ichs, niemals des schöpferischen und lebenspendenden Ichs". „Das Gebet des Zöllners lautet nicht „Ich bin ein Sünder, erbarme dich mein", sondern: „Gott! Erbarme Dich meiner, der ich ein Sünder bin." Wenn wir aber die Worte „Ich bin" gebrauchen, geben wir ein Bekenntnis ab. Was immer wir durch den Gebrauch dieser Worte in Anspruch nehmen, wird unser werden, ob es nun negativ oder positiv ist.

Die Aufgabe, die für uns selbst und als Gemeinschaft vor uns liegt, ist das Aufgehen des kleinen Ich in dem großen „Ich bin“. Ein Versuch auf dem Gebiet des absoluten Nullpunktes mag uns den Weg weisen. Wird flüssiges Helium diesem niedrigsten Grad der Temperatur ausgesetzt, wird es zu einer Substanz, die weder Flüssigkeit noch Gas ist; auch verschwinden die meisten seiner physikalischen Eigenschaften. Wenn wir unser kleines Ich bis auf den absoluten Nullpunkt einschränken, werden wir zu einem anderen Wesen, mit anderen Eigenschaften wiedergeboren, und viele der fragwürdigen Züge des kleinen Ich verschwinden.

Wenn wir mit dem Laboratoriumsversuch mit Helium noch weitergehen, sind wir genötigt, genau zu beobachten, wie eine Teströhre bis auf die Hälfte in eine Substanz getaucht wird, die weder flüssig noch gasförmig ist. Wir beobachten sehr genau und sehen, wie die Teströhre halb eingetaucht ist, daß unmöglich etwas von dem Gemisch in das Innere der Röhre dringen kann. Wir wissen, daß es nicht durch Osmose eindringen kann, denn Glas ist undurchlässig. Da ist keinerlei sichtbare Bewegung, und doch stellen wir, wenn die Teströhre nach wenigen Augenblicken herausgenommen wird, erstaunt fest, daß sie halb mit dem Gemisch gefüllt ist, in das sie eingetaucht worden ist.

Die Wissenschaftler erklären das mit dem Phänomen des „Schleichenden Films“. Sie erklären uns, daß es einen nicht wahrnehmbaren Film (Überzug) gibt, der an der Wand der leeren Röhre hochkriecht, über den Rand fließt und die Röhre bis zum Stande der außen befindlichen Mischung füllt. Sie geben zu, daß dieses Phänomen im Gegensatz zu allen bekannten Gesetzen der Physik steht und noch nicht ganz erklärt werden kann.

Jesus sprach von Gesetzen der geistigen Welt, die mit den bekannten Gesetzen der materiellen Welt nicht übereinstimmen. Wir können diese Gesetze nicht erklären. Wir müssen sie leben, um ihr Vorhandensein zu beweisen. „Wer sein Leben finden will, muß es verlieren“ ist eines dieser Gesetze. „Wer der Größte unter euch ist, soll euer aller Diener sein", ist ein anderes. Die Gesetze der höheren Welt sind das genaue Gegenteil der Gesetze der niederen Welt. Um das Leben auf der höheren Ebene zu beginnen, müssen wir dem Leben der niedrigen Ebene absterben. Wir müssen wiedergeboren werden. Nur wenn wir unser egoistisches Selbst bis zum absoluten Nullpunkt einschränken, können wir unser leeres Dasein eintauchen in das Bad der schöpferischen, heilenden Liebe Gottes und werden mit Gedanken erfüllt, die eine neue Welt schaffen können, eine Welt jenseits der geheilten, befreiten Struktur der alten.

Betrachtung

In der jüdischen Überlieferung war Israel das heiligste Land und Jerusalem die heiligste Stadt darin. In Jerusalem war der heilige Tempel, und in diesem Tempel war das Allerheiligste.

Am Tage des Versöhnungsfestes offenbarte dort der Hohe Priester den göttlichen Namen in der heiligen Sprache der Thora, deren heiligster Teil die zehn Gebote waren. In den zehn Geboten war das heiligste Wort der Namen des Herrn.

Es herrschte der Glaube, daß, wenn dem Hohen Priester beim Eintreten in das Allerheiligste ein sündiger oder abschweifender Gedanke durch den Sinn gehe, das die Vernichtung des Volkes oder der ganzen Welt herbeiführen würde.

Ihr Lieben, ist nicht jeder Mensch nach dem Bilde Gottes erschaffen, ist er nicht ein Hoher Priester für seine eigene Seele? Ist nicht da heiliger Boden, wo immer Menschen in ehrfürchtigem Erkennen ihres Einsseins mit dem himmlischen Vater stehen? Und ist nicht jeder Tag im Leben eines Menschen ein Tag der Versöhnung? Wenn ein Mensch die Worte „Ich bin" sagt, spricht er dann nicht den Namen des Herrn aus? Denn in Johannes VIII, 58 lesen wir, daß Jesus zu diesen Menschen sagt: „Wahrlich, wahrlich, ich sage euch, ehe denn Abraham ward, bin ich". Dürfen wir da in diesem Namen etwas verlangen, was wertlos, sündig oder abwegig ist?

Wachet deshalb und betet, ihr Lieben und hütet euch, daß ihr nicht etwas sagt, was die Unschuldigen verdammen und Leid über die Kinder Gottes bringen könnte. Lasst uns an anderen so handeln, wie wir wünschen, von ihnen behandelt zu werden. Denn wir leben nicht allein, sondern ein jeder Gedanke von uns ist entweder ein Segen oder ein Fluch für alle.

Vergebung

Gott fordert von uns, daß wir das Vergangene vergeben und vergessen. Völlige und absolute Vergebung wirkt Wunder in dem Vergebenden und in dem, der Vergebung erlangt. Einem Menschen, dem nie die Absolution erteilt wurde, fehlt eines der herrlichsten geistigen Erlebnisse, die den Menschen offen stehen.

Es ist genau so wichtig, daß wir einander und uns selbst vergeben, wie daß wir Gott wieder und wieder anflehen, uns zu vergeben; denn seine Vergebung ist uns immer gewiß. Wenn wir beständig an unsere Fehler denken, bedeutet das, unsere Aufmerksamkeit zu sehr auf sie gerichtet zu halten. Und unsere Aufmerksamkeit beständig auf sie richten, hält die Versuchung in uns wach, sich zu wiederholen. Das ständige Betrachten unserer Schwächen macht uns blind für die Kraft Gottes, die auch in uns ist.

„Aber", werden wir immer wieder gefragt, „wie kann ich nur sicher sein? Wie kann ich wissen, daß mir vergeben ist?" Wir können nur sicher sein, wenn wir nicht mehr an die Sünde denken, oder kein Verlangen haben, uns in Gedanken oder Worten mit ihr zu beschäftigen.

Es gibt ein stellvertretendes Sündigen, das leicht mit Frömmigkeit verwechselt wird. Selbst wenn einer anscheinend seine Schuld bekennt, wenn einer darauf besteht, seine Sünde in all ihrer Häßlichkeit zu beschreiben, erlebt er immer wieder den Genuß eben dieser Sünde. Die Gefahr des Bekennens liegt in dieser feinen Form, die Sünde zu wiederholen. Wir können nur wissen, daß unsere Sünde vergeben ist, wenn wir nicht mehr den Wunsch haben, sie in der Tat oder in Gedanken zu wiederholen. Die Gedankensünde ist genau so groß; lehrte doch Jesus, daß die Sünde nicht allein im Tun, sondern schon in den Gedanken besteht.

Die Bhagavad Gita erklärt:

Und sollte ein Mensch mit den Sünden eines Lebens verunreinigt sein — so er mich nur liebt, richtig entschlossen, in äußerster Hingabe — so sehe ich keine Sünde in ihm. Dieser Mensch ist heilig.

Eine feste Entschlossenheit zur äußersten Hingabe an das Gute gibt uns weder Kraft noch Neigung, auf dem Gegenteil zu beharren. Wenn wir ein Gelübde gebrochen oder ein Unrecht getan haben, laßt uns daran als an eine schwache Stelle in unserer Seele denken und daran gehen, aus dieser schwachen Stelle eine starke zu machen. Mache einen Knoten in diese schwache Strähne, indem du ein neues Versprechen gibst und es hältst. Fordern wir von uns eine Tat, die das getane Unrecht wieder gut macht und verbessern wir auf diese Weise eine schwache Stelle im Gewebe unseres Lebens. Wir brauchen diese Tat nicht für die Person zu tun, der wir unrecht getan, oder die wir verletzt haben. Jede gute Tat wird genügen. Irgendjemand hat gesagt „Solange du nicht eine Kränkung mit einer hilfreichen Tat wieder gut gemacht hast, weißt du nicht, was Vergebung ist".

Wenn wir uns immer und immer wieder sagen „Ich bin gebunden, ich bin ein Sünder", binden wir uns wirklich an die Sünde und das Sündigen. Wenn einer beständig vom Unrechttun spricht, kommt er bei seinen Mitmenschen in Verdacht, daß es ihm selbst noch möglich ist, Unrecht zu tun. Wenn einer bei jeder sich bietenden Gelegenheit von abnormen Gepflogenheiten anderer Menschen erzählt, enthüllt er den heimlichen Wunsch in sich, in solch abnormen Gepflogenheiten zu schwelgen. Wenn wir ehrlich bereuen, verabscheuen wir das Reden über die Sünde und meiden jene, die von ihren Lastern reden.

Der Wert der Tiefen-Psychologie liegt in der Befreiung, die wir in einer Gruppe erfahren können, wenn wir in unsere Vergangenheit zurückgehen oder anderen zuhören, die sich ehrlich ihren vergangenen Fehlern und Mängeln stellen. Es ist notwendig, viele von den seelischen Geschwüren ins Bewußtsein zu heben, die sonst im Unterbewußtsein schwären, denn wir sind uns dieser Krankheiten der Seele nicht immer bewußt. Sie müssen ans Licht gebracht und unter den reinigenden Einfluß des Christus-Wesens in anderen Menschen und damit unter das heilende Licht und die Wärme von Jesus Christus selbst gebracht werden. Manchmal ist Hilfe nötig und sollte Hilfe auch gesucht werden, wenn uns die Befreiung durch unsere eigenen Bemühungen mit viel Gebet und Meditation nicht gelungen ist.

Uns in zwei Hälften teilen, von denen die eine beständig durch die Gelüste des Körpers versucht wird und die andere alles Fleischliche verabscheut, ist eine gefährliche Weltanschauung. Geist und Körper sind in einer heiligen Ehe vereint. Und jeder, der sie auseinanderreißt, ist ein Verbrecher.

Wir sind Wesen mit zwei Aufgaben; die eine muß in dieser Welt leben, die andere in der Welt des Geistes. Wenn das Christus-Wesen auf den Thron der Autorität verzichtet und das Wesen des Adam den Thron erschleicht, dann liegt der Fehler nicht beim Wesen des Adam, sondern beim Christus-Wesen. Es ist ungeheuer wichtig, daß wir unser Einssein mit dem Christus-Wesen in uns verwirklichen, wenn wir Ordnung und Harmonie in unserem Sein errichten und aufrecht erhalten wollen. Statt es zu verdammen, sollte sich das Christus-Wesen vom Wesen des Adam eher die Vergebung dafür erbitten, daß es den Thron der Autorität unbesetzt ließ.

Wir müssen die Splitter der Schuld aus unserer Seele entfernen und die Spinnweben angehäuften Bedauerns aus unseren Gedanken hinausfegen. Wir müssen aufhören, über unser getanes Unrecht zu reden und jene kostbare Energie zur Vollbringung guter Taten benutzen. Laßt uns das Vergangene vergeben und damit uns selbst. Laßt uns allen und jedem vergeben, der uns Unrecht getan hat.

Die Vergebung, die wir von Gott erbitten, ist die Vergebung dafür, daß wir Ihn so oft für Dinge verantwortlich gemacht haben, die uns oft nur durch unseren Eigensinn oder unsere Torheit widerfahren sind. Jesus sagte: „Deine Sünden sind dir vergeben. Gehe hin und sündige nicht mehr!" Die Wahl zu bereuen und damit Vergebung zu erlangen, liegt immer bei uns. Verzweiflung ist nur das Ausschließen Gottes (des Guten) aus unserer Seele.

Die neue Krankheit heißt „Psycho-Sklerose", was Verhärtung des Herzens und Verschließen der Seele bedeutet. Sie stellt den verschlossenen Sinn dar, der nichts empfangen kann. Eingefangen in seiner eigenen Egozentrik, lähmt und löscht er letzten Endes alles Leben aus.

Ein jüdischer Prediger in einer Londoner Straße nahm sich die „Bergpredigt" zum Thema. Er tadelte sein Volk eher, weil es Jesus ablehnte, als wegen der Annahme seiner Lehre. „Vor 2000 Jahren lieferten ein paar fanatische Rabbiner, die es mit Rom hielten, Jesus von Nazareth den Römern aus, die Ihn schon lange als Unruhestifter betrachteten und die heute lebenden Juden werden dafür verantwortlich gemacht. Wenn ein Jude die ganze Situation verstehen will, die Geschichte seines Volkes, seiner Verfolgung etc., muß er etwas von Jesus wissen . . .

Wieviele Juden begreifen eigentlich, daß unser Volk, klein und verachtet, diesen Mann hervorgebracht hat, der die Kranken, die Armen, die Ausgestoßenen liebte. Er verkündete, daß Liebe zu Gott und den Menschen ein und dasselbe ist. Als die Zeit zum Sterben für Ihn gekommen war, versuchte er nicht, sich zu verbergen oder zu fliehen, tapfer ging er hindurch. Er setzte das oberste Gebot „Liebet eure Feinde" und lebte es selbst vor. „Vergib ihnen, denn sie wissen nicht, was sie tun." Diese letzten Worte sind eine Verpflichtung für die verfolgten Juden aller Zeiten.

Der Groll gegen Jesus und seine Nachfolger schwärt in der jüdischen Seele seit 2000 Jahren. Und so wie ein anhaltender Groll einen einzelnen Menschen körperlich und seelisch zerrüttet, leidet auch das jüdische Volk, und nur Vergebung kann die Heilung bringen.

Die Juden müssen lernen zu begreifen, daß Jesus kam, um das Gesetz zu erfüllen, nicht um es zu zerstören. Und wenn seine Worte falsch gedeutet und verdreht wurden, sollten weder er noch seine wahren Jünger dafür verantwortlich gemacht werden. So wiederhole ich: Die Christen geben den Juden die Schuld an Christi Tod. Die Juden machen Jesus verantwortlich für die sich daraus ergebenden Verfolgungen. Einer von beiden muß zuerst mit dem Hassen aufhören. Ich wünschte, es wären die Juden!" Er fügte hinzu, daß er noch wünsche, die Juden würden nach Jesu Lehren leben.

Als er gefragt wurde, warum er selbst nicht Christ würde, sagte er: „Ich werde Jude bleiben und als Jude Jesus verkündigen mit einem tiefen Gefühl des Eigentumsrechts, mit grimmigem Stolz. Wer weiß? Vielleicht werden die Juden eines Tages Jesum wieder entdecken und der übrigen Welt zeigen, wie man die Bergpredigt lebt. Die Menschen suchen nach dem Glück. Wenn wir sie dazu bringen können, diese Bergpredigt zu leben, nicht weil es ihnen befohlen wird, weil sie dafür bestraft würden, wenn sie es nicht tun, sondern weil es die einzige, unfehlbare Straße zum Glück ist . . . Wenn die Menschen davon überzeugt werden können, haben wir gewonnen!"

Hier ist einer, der an der Lage der Juden zeigt, daß es wirklich einen Weg gibt, die christliche Lehre zu leben. Es gibt immer einen Ausweg, wenn wir nur die Tür öffnen. Jesus und seine verstehende Liebe zeigen die Tür zu einem neuen Leben. Trauern wir um verlorene Gelegenheiten? Er bietet uns das Öl der Freude an, das die Trauer vertreibt. Stehen wir vor den ausgebrannten Feuern unserer Sehnsüchte und schon nur noch Trümmer und Asche? Er will uns zeigen, wie man auf dieser Asche neue Schönheit erbaut wie der Phönix der alten Sage, der Vogel, der alles zukünftige Leben verkörpert, sich in seiner Herrlichkeit aus den Trümmern erhob.

Leben wir in einer ungläubigen Welt und suchen auf jede mögliche Weise danach, wie wir entrinnen können? Dann laßt uns darauf achtgeben, daß wir nicht den Maschen des Netzes scheinbar entrinnen, um uns dennoch immer fester darin zu verwickeln. Laßt uns umkehren und mit der Schar gehen, die dem goldenen Faden folgt, der aus dem Labyrinth von Minos herausführt, und laßt uns einander vor der Vernichtung in dem klaffenden Rachen des Moloch erretten.

Einige von Euch haben gefragt: Wenn Haß in Liebe verwandelt werden kann, warum hat dann Jesus nicht den Haß und die Grausamkeit, die Ihm bei seinem Gerichtsverfahren erwiesen wurden, aufgehoben und in Liebe verwandelt? Die Antwort ist: Weil die Menschen sehen sollten, wohin Zorn und Haß, Furcht und Groll führen. Er litt und starb, um den Menschen die Folgen der negativen Gefühle zu zeigen. Er hätte es ihnen nicht zeigen können, wenn Er sie vor seiner Kreuzigung erlöst hätte. Er hat sie erlöst, indem Er sein Leben freiwillig hingab, so daß die Menschen den klaren Gegensatz der positiven, selbstaufopfernden Liebe göttlichen Ausmaßes und die negative, zerstörende Kraft des Hasses und der Furcht vor Augen hätten.

Die Ihn töteten, waren gar keine besonders bösen Menschen. Es waren Menschen wie du und ich. Es wurde von ihnen eine radikale Umkehr zu einer Lebensart verlangt, die ihnen fremd war, die sie nicht begreifen konnten. Sie waren unfähig, aus ihrem eigenen Willen heraus zu handeln. Sie vermochten nicht, die Wandlung zu vollziehen und die ungeheure Energie freizumachen, die die Krise gemeistert hätte. So wurden sie in die Tiefe des Wellentales zurückgeworfen, wo sie dann nur aus Angst und Furcht handelten.

Angst kann als Gegenpol der Schöpferkraft bezeichnet werden. Sie ist der Strom der Schöpferkraft, in die entgegengesetzte Richtung geleitet. Wir können die Schöpfung eine zentrifugale Kraft nennen, die uns aus dem Mittelpunkt hinausdrängt und die Angst eine zentripedale Kraft, die uns im Mittelpunkt zusammenballt. Durch die Angst ist der Druck oder die Intensität im Innern des kleinen Ich erhöht, aber der Umkreis des Lebens ist eingeengt, schließt das Innere ab und hat die Neigung, sich den Strom des schöpferischen Lebens immer mehr fernzuhalten. Die daraus entstehenden Neurosen oder verschiedenen Formen nervöser Störungen sind ein Hungern von Körper, Seele und Geist nach dem vollen Strom aus dem göttlichen Zentrum — ein Hungern nach Gott!

Alle kleinen Probleme und Ereignisse werden in diesem Zustand, in dem das Fassungsvermögen des Bewußtseins in armseliger Weise zu einem egozentrischen Kreis eingeengt ist, mächtig übertrieben. Ein Neurotiker ist von einem Feuerwall umgeben, aus dem es kein Entrinnen zu geben scheint. Es scheint, daß der Feuerwall sich in einem enger werdenden Kreis um ihn schließt. Ein Arzt beschrieb einmal diesen Zustand einer neurotischen Frau wie folgt: „Im Norden war sie durch die Sorge, ihren Mann zu verlieren, gebunden, im Süden durch die Sorge, wie sie ihre Kinder beaufsichtigen soll, im Osten durch finanzielle Schwierigkeiten und im Westen durch ihre Eitelkeit."

Unser Wirken in der Tiefenpsychologie konzentriert sich auf das Problem der Gefühlsunreife. Das Bestreben des gefühlsreifen Menschen ist es, sein Bewußtsein auszuweiten, über das niedrige Selbst oder das kleine Ich hinaus auf immer weiter werdende Kreise des Interesses und der Aktivität, die außerhalb seines ichbezogenen Selbst liegen. Diese Ausweitung oder Erhöhung des Bewußtseins setzt die zentrifugale Kraft der göttlichen Liebe und des göttlichen Lebens im einzelnen Menschen zu Gottes großer Welt und zu allen Kindern Gottes hin in Bewegung.

So entwickeln wir das wahre Selbst, den schöpferischen Mittelpunkt und fangen wie Jesus an, mit dem Vater zu wirken: „Mein Vater wirkte bisher, und ich wirke mit Ihm." Wir werden immer mehr zu offenen Kanälen für Gottes Wirken in der Welt und für den Strom seiner schöpferischen Liebe und Macht. Das bringt Erfüllung und Vollkommenheit in unser Leben. Das ist Reife.

Einer unserer größten Psychologen, Erich Fromm, versichert in „Psychotherapie und Religion", daß die psychoanalytische Therapie hauptsächlich versucht, dem Patienten zu helfen, die Fähigkeit zu Lieben zu erlangen oder wiederzuerlangen. Diese Liebe muß umfassender sein, als viele sie kennen. Die Menschen, die nur eine Person oder eine Gruppe von Personen lieben und sich um sie sorgen, lieben nicht wahrhaftig. Sie lieben nur eine Erweiterung ihres Selbst. Sie lieben und beschützen die Nächsten, die Familie oder die Gruppe. Aber alles, was außerhalb dieses Kreises ihres erweiterten Selbst und des Vorteils und der Sicherheit liegt, die sie dadurch haben, beachten sie nicht. Jesus sagte „Liebe deinen Nächsten!", d. h. liebe auch jene, die außerhalb deiner Gruppe und deines Stammes leben; liebe auch jene, die möglicherweise sogar deine Sicherheit und deine Lebensart bedrohen könnten.

Mehr noch, Er beschwor uns: „Liebe deinen Nächsten wie dich selbst." Die Fähigkeit, den Wert eines anderen Menschen zu erkennen, muß sich in uns entfalten. Wenn wir das Christus-Wesen in uns selbst nicht erkennen können und mögen, sind wir nicht würdig, das Christus-Wesen in einem anderen zu wecken. Wir sollen nicht einen anderen Menschen anbeten und gleichzeitig uns selbst als erbärmlich und verächtlich hinstellen. Wer das tut, treibt eine verfeinerte Art von Götzendienerei.

Unseren Nächsten wie uns selbst zu lieben ist das Gebot aller humanistischen Religionen. Aber warum sollte es nötig sein, das Lieben zu gebieten, wenn es instinktiv und einfach wäre? Aber es ist einfach. Die Antwort liegt darin, daß wir die Formel umgekehrt haben. Nach unserem menschlichen Denken und Erfahren fühlen wir, daß die Schwierigkeit nicht darin liegt,andere zu lieben, sondern darin, andere dahin zu bringen, uns zu lieben. Unsere Werte sind windschief geworden und unsere geistige Arithmetik gibt uns die falschen Antworten. Unbewußt haben wir uns im Kreis gedreht, bis wir unseren Orientierungssinn verloren haben. Viele von uns denken oder haben gedacht, daß wir anziehend sein müssen, um geliebt zu werden. Unsere Vorstellung vom Anziehendsein hat sich auf alles ausgedehnt, angefangen von der sozialen Stellung, vom Geld, vom angenehmen Äußeren, von der interessanten Unterhaltung, der gesellschaftlichen Gunst, dem persönlichen Charme bis zum überwältigenden Busen.

Als Frau Behrend mit Thomas Troward in England studierte, sagte er ihr, sie müsse alle Menschen lieben.

„Oh," erwiderte sie ihm vorwurfsvoll, „das kann ich unmöglich."

„Aber sie wollen von allen Menschen geliebt werden, nicht wahr?" fragte er. „Ja, gewiß, aber das ist etwas anderes", war ihre aufschlußreiche Antwort.

Da liegt das Problem. Es ist nämlich nichts anderes. Ihr Lieben! Das ist der Schlüssel zum Leben — daß wir nur geliebt werden, wenn wir lieben können. Nur wenn wir zuerst die anderen lieben, rufen wir in ihnen die Liebe zu uns wach. Erich Fromm fügt hinzu:

„Die Liebe gründet sich auf einer Haltung der Bejahung und der Achtung. Der Grund, warum in den humanistischen Religionen der Mensch Gott lieben kann, ist die Fähigkeit des Menschen, uneigennützig zu lieben, ohne Habgier, ohne Unterwerfung oder Herrschenwollen. Einfach zu lieben aus der Fülle seiner Persönlichkeit heraus, genau wie Gottes Liebe ein Zeichen für die Liebe aus Kraft, nicht aus der Schwäche heraus, ist.

Es gibt Menschen, zu denen wir uns nicht instinktiv hingezogen oder angezogen fühlen, Menschen, die manches tun, was wir nicht billigen und Menschen, mit denen wir nicht in Einklang zu sein scheinen. Wenn es Menschen gibt, die wir nicht besonders mögen — laßt sie uns ins Trockendock unseres erwachten Bewußtseins nehmen, wie ein Schiff, das mit allerlei Muscheln und Seegetier bedeckt ist, und sie von allen Auswüchsen befreien.

Denkt daran, es wird nicht von uns verlangt, negative Eigenschaften von jemanden zu lieben. Der Mensch mag noch so viele Eigenschaften haben, die wir nicht billigen können, die wir sogar mißbilligen sollen, wir dürfen diesen äußeren Eigenschaften nicht erlauben uns den richtigen, wahren Menschen oder die Vollkommenheit darunter vor uns zu verbergen. Wenn wir tiefe Vorurteile oder Ablehnung in uns oder im anderen spüren, trifft der Strom von Gottes Kraft, der durch uns fließt, auf diesen Widerstand, so daß er für einen Augenblick zurückgestaut wird, wie der elektrische Strom. Wenn das geschieht, müssen wir den anderen Menschen in eine höhere Liebe hinaufheben.

Wenn es an einem Menschen etwas Abstoßendes oder schwer zu Verstehendes gibt, ziehen wir uns unbewußt zurück. Dieses Zurückziehen ist Ablehnung und die Spannung bringt eine Art von Furcht hervor. Wenn wir all das in die Liebe Gottes hinaufheben, wird die Spannung beseitigt, und die Furcht wird durch die Liebe ersetzt. Nur dann werden wir zu lauteren Kanälen für den vollen Strom der erlösenden Kraft, der in das Leben dieses Menschen fließen soll. Wir rufen den positiven Strom ins Leben, wenn wir über Gottes Liebe zu uns nachdenken. Wenn dieser Strom, der durch uns fließt, den anderen Menschen in seiner vollen Kraft trifft, löscht er das Negative in ihm aus und kommt zu uns zurück als Strom der positiven Liebe. Dann erkennen wir, wie alle seine unangenehmen Züge und Neigungen sich ändern. Wir sehen, wie alles Hassenswerte sich in Liebe verwandelt, wie seine Gleichgültigkeit und Selbstsucht sich wandeln zu einem Verlangen, sich um andere zu kümmern. Wir sehen, wie Zynismus und Skepsis in Vertrauen und Glauben hinaufgehoben werden.

Wie der kräftige Atem des Frühlings wird der warme Strom unserer Liebe den harten Kern seiner Bitterkeit und seines Grolls weichmachen. Eine Fülle des Erbarmens wird in ihm aufbrechen und an die Stelle der eisigen Kälte treten, die ihn bisher in Enttäuschung und Einsamkeit gefangenhielt.

Betrachtung

Gibt es Menschen in unserem Leben, denen wir nur schwer vergeben konnten? Wir wollen an sie denken, ihre Namen nennen, sie ansehen, wollen sie richtig sehen und erkennen, daß ihr Tun oder Unterlassen nur aus Unkenntnis geschah.

Sehr wenig Menschen sind wirklich böse oder absichtlich grausam. Wie wir schon sagten, waren die Menschen, die Jesus kreuzigten, nicht besonders böse; es waren gute Menschen, aber sie waren nicht gut genug.

Viele Menschen, die uns verletzt haben, waren nicht absichtlich böse. Wir wollen ihnen mit den Worten unseres Meisters vergeben: „Vergib ihnen, denn sie wissen nicht, was sie tun." Wir wollen ihnen jetzt vergeben, wie wir wünschen, daß der Vater uns alles vergeben möge, was wir getan oder versäumt haben zu tun, weil wir es nicht besser gewußt haben.

Wenn wir rein gemacht werden wollen, müssen wir zuerst unser Gedächtnis rein machen. Vergeben wir ganz und gar! Wir erkennen, daß wir vergeben haben, wenn wir über einen Zwischenfall ohne Erregung sprechen können. Wenn Groll in uns aufsteigt und uns die Kehle eng wird, wenn die Stimme sich verändert oder Tränen kommen, dann wissen wir, daß unser Gefühl noch nicht frei ist. In dem Augenblick, in dem wir wirklich vergeben haben, können wir über den Fall sprechen, als würde er einen anderen Menschen betreffen.

Wir wissen, daß die Erinnerung bleibt. So geht unser Wunsch nicht dahin, zu vergessen, sondern wir möchten alle diese Gefühlswallungen, die dem Erlebten anhaften, los sein, so daß wir ruhig und unpersönlich darüber sprechen, und damit den anderen helfen können.

Nur so können wir geheilt werden. Oftmals brauchte das Messer des Chirurgen nicht einzugreifen, wenn Menschen ihre Herzen von Bitterkeit und Groll befreit haben. So plötzlich und augenblicklich ist die Heilung durch Gottes Liebe, wenn wir sie einlassen. Es ist gewiß jede Anstrengung wert, alles aufzugeben oder aufzulösen, was zwischen uns und der heilenden, erlösenden Liebe unseres Vaters steht.

Der Meister weiß, was in uns ist. Er kann alles sehen. Er kann seine Hände an unser Herz legen und von uns nehmen, was nach seiner Ansicht nicht dahinein gehört. Er kann uns freimachen.

„Bringet her die Früchte der Buße", lesen wir im Matthäus-Evangelium. Mit anderen Worten: Wir müssen unserer Reue Taten folgen lassen. Bereuen genügt nicht. Vergeben genügt nicht — Reue und Vergebung müssen in dynamisches Tun umgesetzt werden, muß etwas ganz Persönliches werden. Nur durch Auslöschen der alten Gewohnheiten im Unterbewußtsein machen wir den Weg frei für die neuen.

Laßt uns den Becher des lebendigen Wassers nehmen, der den mächtigen Geist der Liebe darstellt und ihn in Seinem Namen allen darbieten, die nach der Gerechtigkeit hungern und dürsten. Laßt uns im Namen des Herrn in der Schönheit wandeln, im Licht leben und Freude in die Welt bringen. So erlösen wir die Vergangenheit und finden die Jahre wieder, die die Heuschrecken verzehrt haben.

Gebete, die nicht erhört werden

Wer will sagen, daß ein Gebet unerhört bleibt? Wenn wir glauben, daß Gebete erhört werden können, ist es schwer anzunehmen, daß es unerhörte Gebete gibt. Wie wollen wir wissen, daß sie unerhört geblieben sind?

Vielleicht liegt das Fehlen einer Antwort eher im Gebet selbst als an der Quelle der Antwort. Es trifft oft zu, daß unsere ausgesprochenen Wünsche nicht so erfüllt werden, wie wir es möchten. Es kann sein, daß das, was wir erhalten, von uns nicht als rechte Antwort angesehen wird, aber in der Rückschau der Jahre können wir dazu kommen zu erkennen, daß es die richtige Antwort auf die damalige Not war.

Der große Traum meiner Jugendjahre war es, eine klassische Erziehung in der Literatur zu erhalten und Leiterin eines Mädchenseminars im Osten des Landes zu werden. Ich hätte leicht erkennen können, daß meine Gebete unerhört blieben, als sich mir anstelle des Kurses in Literatur die günstige Gelegenheit bot, Medizin zu studieren und auszuüben. Doch vom Standpunkt der späteren Jahre aus kann das, was mir geschah, eher als falsch ausgelegte Antwort, als ein unerhörtes Gebet bezeichnet werden. Während der Jahre meiner medizinischen Praxis habe ich viel besser mit Männern und Frauen arbeiten können als ich das mit den Studentinnen je hätte tun können. Durch diese Erfahrungen habe ich die tieferen Einblicke in die menschliche Natur bekommen, die mir das Schreiben meiner Bücher möglich machte.

Wir denken natürlich mehr an bewußte Wünsche und Gebete, die durch unsere Lippen laut werden, aber auch unsere unbewußten Wünsche müssen in Betracht gezogen werden. Das bewußte Ich stellt nicht immer das ganze Ich dar, noch drückt es das wahre Selbst aus. Das äußere Bewußtsein kann stark von der Welt beeinflußt sein und kann, nur sich selbst suchend, die Wünsche des wahren Ich unterdrücken. Nur die Gebete des wahren Ich können inneres Glück und Zufriedenheit bringen.

Welcher Teil von uns betet? Zwei verschiedene und bestimmte Wünsche können in der Form eines Gebetes zum Ausdruck kommen; einer ist bewußt, der andere unbewußt. Beide können nicht erhört werden.

Jung hat ein Wort für das bewußte Ich, das sich der Welt darbietet. Er nennt es „die Persona", den gut gekleideten, umgänglichen, moralischen und sozial annehmbaren Menschen beiderlei Geschlechts, wie wir ihn der Außenwelt zeigen. Jung nennt das andere Ich den „Schatten" in uns, der das Leben in uns verkörpert, das wir nicht zeigen, das Leben, das wir gerne leben möchten, von dem wir aber fühlen, daß wir es nicht leben können. Im Unterdrücken dieses „Schattens" häufen wir oft bittere, wenn nicht gar feindliche Reaktionen gegen das Leben an, das wir zu leben gezwungen sind. Wir spalten uns. Von solchen gespaltenen Persönlichkeiten kommen die Unordnung und die ernsten Erschütterungen unseres geistigen, seelischen und körperlichen Ichs.

Wir können andere Begriffe benutzen: Der natürliche Mensch, gequält vom Drängen und Verlangen des Fleisches, kämpft mit dem geistigen Menschen, der die Herrschaft über die niedrigen Leidenschaften erreichen möchte. Oder wir können die Begriffe der Bibel nehmen: der Adam-Mensch der irdischen Welt und der Gott-Mensch oder das Christus-Wesen, dessen Sehnsüchte und Träume oft durchkreuzt zu werden scheinen von dem fordernden Drängen des Biologischen und Körperlichen.

Unser puritanisches Geisteserbe betrachtete irrtümlicherweise das biologische Ich als etwas Niedrigeres als das geistige Ich. Generationenlange Unterweisungen haben den Kampf zwischen den beiden Ichs in uns verschärft und zu ernsten Spaltungen im Einzelmenschen geführt. Heute haben wir einen gesünderen biologischen und psychologischen Standpunkt. Beide Ichs in uns sind wichtig. Jedes hat seinen bestimmten Platz im Dasein des Menschen. Da Körper und Seele nicht getrennt sind, sondern zu einem gleichen Ganzen gehören, muß der Mensch seiner selbst auf zwei verschiedenen Ebenen bewußt werden. Ohne die geistige oder moralische Beherrschung der körperlichen Begierden zerstört der Mensch sich selbst und die Menschheit. Ohne den biologischen Drang zur Zeugung würde die Menschheit aussterben.

Das Ziel, das erreicht werden soll, ist nicht die Unterwerfung des einen unter das andere, sondern ein harmonisches Gleichgewicht zwischen beiden, in dem jede Seite eine tiefe Achtung vor der anderen hat. Die Menschheit muß erhalten werden, das Leben muß weitergehen, doch der Mensch hat seinen freien Willen und die freie Wahl. Er braucht nicht durch das instinktive Verlangen getrieben zu werden, das die niedrigen Lebensformen, — den Fisch, den Vogel, alle Tiere — zwingt, in einem bestimmten Rhythmus Generation um Generation zu zeugen. Das Ziel, das erreicht werden soll, ist die Ganzheit aus unbewußtem und bewußtem Ich, die zur höchsten Entwicklung und zur höchsten Ausdrucksmöglichkeit des Einzelmenschen zusammenarbeiten.

In Edward Carpenters Worten lautet das so: „Es gibt nichts Böses. Nur das ist böse, über das der Mensch nicht Herr wird; ... und es gibt keine Leidenschaft und keine Macht, keine Lust und keine Qual, noch irgend etwas Erschaffenes, das nicht letzten Endes für den Menschen und zu seinem Gebrauch gemacht wurde; es gibt auch nichts, wovor er sich fürchten, oder dessen er sich schämen müßte."

Jung erklärt in seinem Buch „Der moderne Mensch auf der Suche nach seiner Seele": „Der moderne Mensch hat genug von Schuld und Sünde gehört. Er ist schmerzlich gepeinigt durch sein eigenes schlechtes Gewissen und möchte eher wissen, wie er sich mit seinem eigenen Wesen versöhnen könnte, wie er den Feind im eigenen Herzen lieben und den Wolf seinen Bruder nennen könnte." Faust ruft aus: „Zwei Seelen wohnen ach, in meiner Brust."

Diese Empfindung von der Existenz zweier Wesen in uns kann zu dem Glauben an zwei sich entgegenstehende Kräfte führen, die einander widerstreiten. Wenn wir Glauben, daß Gut und Böse zwei verschiedene Wesenheiten sind, können wir sie als zwei sich unwiderruflich in Gegensatz zueinander befindliche, gleichwertige Kräfte ansehen, die nur durch das Gewicht unseres Willens entmachtet werden können. Dieser innere Konflikt ist die Ursache der Neurosen. Jung nennt ihn „innere Spaltung", ein Kriegszustand mit sich selbst. Diese Instinkte bekämpfen, oder versuchen, sie zu unterdrücken, führt zu gefährlichen Folgen. Wir müssen einen anderen oder besseren Weg finden.

Das Besondere der wissenschaftlichen Religion von morgen kann in einem Satz gefunden werden, der aus der modernen Tiefenpsychologie stammt: Wir können nichts ändern, bevor wir es akzeptiert haben. Wenn wir ihm widerstehen, ändern wir es nicht. Widerstand stärkt das, was wir ablehnen, weil es dadurch betont wird. Verdammen macht nicht frei, sondern unterdrückt. Also akzeptieren wir es; aber dieses Akzeptieren ist nicht im alten Sinne von „sich fügen" oder resignieren gemeint. Wir akzeptieren, um zu verstehen. Nur durch Akzeptieren können wir dem Problem gegenüber die rechte Haltung einnehmen und nur durch die rechte Haltung können wir hoffen, es zu lösen.

Wenn wir zugeben, daß der biologische Mensch die gleichen Rechte wie der geistige Mensch hat, wird es uns sofort klar, daß wir eine höhere Quelle der Weisheit als beide sie haben, benötigen. Es gibt Zeiten, in denen der eine gegen den anderen unterstützt werden muß und das Gleichgewicht muß aus einer Weisheit kommen, die größer ist als alle beiden. GOTT ist die Quelle dieser Weisheit und des Gleichgewichts.

Die Frage ist nun, wie können wir erkennen, um was wir bitten sollen? Wir beten ohne Unterlaß. Jeder Wunsch, ausgesprochen oder unausgesprochen, ist ein Gebet. Sollen wir also aufhören, etwas zu wünschen? Wenn nicht, wie können wir wissen, was zu irgend einem gegebenen Zeitpunkt der höchste Wunsch für uns ist? Wir haben begrenzte Vorstellungen. Wir können nur etwas in die Vergangenheit und ein kleines Stück in die Zukunft, die vor uns liegt, hineinschauen. Eine höhere Intelligenz hätte einen vorteilhafteren Standpunkt. Sie könnte weit zurück und sehr weit vorausschauen. Aber selbst wenn es so wäre — die Antwort könnte nur eine Folgerung sein, die wir aus den Ereignissen der Vergangenheit ziehen und die auf Kommendes hinweisen, in dem es möglicherweise sein könnte, daß nur eine vollständige Umkehr oder eine Umstülpung unserer Vorbilder der einzig sichere Weg ist, die verborgenen Möglichkeiten in uns hervorzubringen.

Als sie ihr ausgezeichnetes Buch „Antwort ohne Aufhören" („Erhörung ohne Aufhören") schrieb, hatte Margaret Lee Runbeck ein Gespräch mit Dr. Fritz Kunkel, in welchem er dieses Problem in seiner erfrischenden, launigen Art kommentierte: „Vielleicht brauchen wir jemand, der uns einfach verrückt macht, bis wir uns dazu entschließen, daß es besser ist, unseren Eigenwillen oder unsere Überlegenheit, oder unsere hohe Selbsteinschätzung aufzugeben. Vielleicht müssen wir verletzt, oder gedemütigt, oder unerträglich eifersüchtig gemacht werden, damit wir sehen können, was für ein Tyrann unser liebes Ich ist."

Vielleicht sehen wir es. Aber wer entscheidet, was wir brauchen? Können wir glauben, daß es einen göttlichen Plan in uns gibt, der dann sichtbar wird, wenn wir einen Schritt daneben machen und der es uns auch deutlich zeigt? Wenn wir das glauben, müssen wir unsere Gebete in Einklang mit diesem göttlichen Plan bringen. Wir können nicht hoffen, diesen Plan zu sehen, zu erkennen. Wenn wir z. B. noch nie eine Eiche gesehen haben, wäre es für uns schwer, uns vorzustellen, daß aus der kleinen Eichel, die wir in unserer Hand haben, einmal eine mächtige Eiche werden kann. Doch überall in der Natur erhalten wir den Beweis, daß im Innern des Samenkorns etwas Geplantes liegt. Ist es also so naiv, an einen göttlichen Plan in uns zu glauben?

Das Gebot lautet: „Wachet und betet." Es könnte gut heißen: „Bedenkt, wacht darüber, was ihr betet!" Wenn wir fortfahren, um etwas für uns zu beten und zu bitten, von dem wir glauben, es sei richtig und notwendig für den Lebensplan, den wir für uns aufgestellt haben, können wir in Konflikt mit dem tieferen Plan unseres höheren Wachstums kommen. Wenn wir andererseits um die Entfaltung des göttlichen Plans in uns bitten und jede vorgefaßte eigene Meinung im Gehorsam ablegen — heißt das mit Kraft und Gewißheit, daß uns Erhörung wird, denn dann beten wir schlicht darum, daß uns Gottes Wille offenbart wird und um den Mut, diesen erkannten Willen Gottes zu erfüllen.

Wenn es diesen göttlichen Plan in uns gibt, dann gibt es auch einen unendlichen Verstand, aus dem er hervorgegangen ist. Dieser unendliche Verstand sieht das vollständige Bild vor sich, nicht nur die jüngste Vergangenheit oder die nächste Zukunft, sondern den vollen runden Kreis, das völlige Ganze. Wenn wir es zulassen, wird Gott uns zeigen, wozu wir geboren sind, was wir tun und wo wir es tun sollen. Mehr noch — alle Kräfte des Guten im Weltall werden uns in der Erfüllung unserer Aufgabe unterstützen.

Während sie sich mit Dr. Kunkel weiter über das Problem unterhielt, suchte Margaret Lee Runbeck nach der Antwort auf die Frage: „Welches Gebet würde Gott erhören, das Gebet des bewußten oder unbewußten Ichs. Dr. Kunkel beantwortete die Frage deutlich: „Natürlich betet das bewußte Ich. Aber Gott, der alles weiß, hört das Gebet des ungelebten Lebens, das um Befreiung bittet. Also wird Gott das Gebet, das die größte Schöpferkraft auslösen wird, erhören. Denn Gott", so fügte er hinzu, — „ist selbstverständlich immer auf seiten der schöpferischen Kraft."

Der Mensch, der mit seinem bewußten Ich betet, Gott möge ihm seine Arbeitsstelle erhalten, die er doch im innersten Herzen haßt und verabscheut, wird keine Erhörung dieses Gebetes erhalten, sondern wird entlassen werden, weil das unausgesprochene Gebet seines wahren Ich nach der Freiheit zu schöpferischem Tun und nach der Freiheit des eigenen Ausdrucks ruft.

„Vollkommene Güte kann niemals über das zu erreichende Ziel diskutieren und vollkommene Weisheit auch nicht über die geeignetsten Mittel dazu." Das sind die Worte von C. S. Lewis in seinem Buch „Probleme des Schmerzes". Er fährt fort und fragt: „Wollen wir lieber einen Großvater, statt einen Vater im Himmel? Möchten wir ein greisenhaftes Wohlwollen, das uns all die Dinge sicherstellt, die wir wünschen und genau so wie wir sie wünschen?

„Warum erhört Gott mein Gebet nicht?" ist die schwierigste Frage, die uns in unserem Heilungswirken begegnet. „Warum mußte ich mein geliebtes Kind verlieren, das doch glaubte, daß es von Gott geheilt werden wird? Wir alle hatten so ernstlich um sein Leben gebetet."

„Warum wurde mein Mann abberufen, der so ein gutes Leben führte und so unentbehrlich war? Wir alle glaubten an Gottes Macht."

Wie soll man antworten? „Wenn Gott gut wäre, würde Er seine Geschöpfe glücklich machen", fährt C. S. Lewis fort, „und wenn Gott allmächtig wäre, könnte Er tun was Er wollte." Aber die Geschöpfe sind nicht glücklich. „Deshalb", und dieses immer wiederkehrende „Warum" scheint dasselbe zu sagen: „Deshalb fehlt Gott entweder die Güte oder die Macht oder beides." Doch wenn wir das glauben würden, ihr Lieben, was hätte es dann für einen Sinn, überhaupt zu beten? Warum folgern wir, daß der Fehler immer auf Seiten der göttlichen Vorsehung ist?

Begegnen wir der quälenden Frage mit ehrlich bekümmertem Herzen, dann sind wir gezwungen, aufrichtig zu bekennen: „Wir wissen es nicht. Wir können euch nicht antworten. Alles, was wir sagen können ist, daß es nicht Gottes Fehler ist. Das Gebet würde wahrscheinlich erhört werden, wenn wir wüßten, wie wir alle erforderlichen Bedingungen dazu erfüllen können. Wir kennen diese Bedingungen nicht alle, aber wir werden mit der Zeit, wenn wir unser Suchen fortsetzen, immer mehr von ihnen erkennen.

Geht daher, statt Zeit mit dem unbeantwortbaren „Warum" zu vergeuden, mit größerem Glauben und mit erneuter Entschlossenheit vorwärts, immer mehr von diesen Bedingungen zu entdecken, die wir in uns finden müssen, so daß andere liebe Menschen verschont werden können und die Gebete anderer nicht mehr unerhört bleiben.

Wie stellen wir uns den Gott vor, zu dem wir beten? Beten wir zu dem Gott des Alten oder zu dem Gott des Neuen Testaments? Wenn wir zu dem Gott beten, der für das Alte Testament so charakteristisch ist, dann beten wir zu einem Gott mit Launen und überraschenden Sinneswandlungen, der belohnt und bestraft. Wenn wir zu dem himmlischen Vater des Neuen Testamentes beten, wie Jesus ihn kannte, beten wir zu einem Gott der Gesetzmäßigkeit und der Ordnung, ohne Veränderlichkeit und ohne den Schatten einer Wandlung. Der erstere ist ein Gott des Aberglaubens und des blinden Gehorsams. Der letztere ist der Gott der Wissenschaft, gegründet auf tatsächliche Beobachtungen und Erfahrungen. Der erstere verleitet uns oft zu Reuetaten, zum Opfern und Feilschen. Der letztere führt uns zu der Einsicht, daß wir gehorsam sein müssen und zu der Annahme notwendiger Bedingungen, die für unser Wachstum und unsere Entfaltung nötig sind.

Haben wir gelernt, was uns das Leben von Hiob lehren will? Wenn wir daraus gelernt haben, hören wir auf zu fragen, „warum" Gott uns diese Lektion gibt, oder „warum" die Schwierigkeiten des Lernens so unendlich vielfältig sind und wenden unsere ganze Aufmerksamkeit auf das Lernen und danken Ihm für die Lektion. Wir werden zu der reifen Erkenntnis kommen, daß wir, wenn wir den Sinn der einen Lektion erfaßt haben, zur nächsten weiterschreiten.

Dr. Kunkel schloß sein Gespräch über das unerhörte Gebet mit einem wundervollen Passus, daß ich ihn gerne als Abschluß dieses Kapitels anführen möchte:

„Zu wem beten wir? Beten wir zu einem Bankiergott, von dem wir einen großen Scheck haben möchten, möglichst einen Blankoscheck, in den wir die Summe selbst einsetzen können? Oder beten wir zu einem Richtergott, der uns — so fürchten wir — zu verdammen droht, wenn wir nicht besser handeln können.

Oder könnte es sein, daß wir reif genug sind, zu Gott dem Lehrer zu beten, dem wir gerne berichten möchten, daß wir unsere Hausaufgaben, die er uns aufgegeben hat, gemacht haben. Wir möchten gerne fragen, ob das Werk zu seiner Zufriedenheit ausgefallen ist und ob wir nun so weit sind, zur nächsten Lektion überzugehen.

Das ist das reifste Gebet, und ich glaube, das seltsamste Gebet auf dieser Welt. Jesus betete so. In Gethsemane sagte er: „Vater, wenn es Dein Wille ist, laß diesen Kelch an mir vorübergehen; doch nicht mein, sondern Dein Wille geschehe". Und dieses Gebet blieb, wie ihr wißt, unerhört.

Die Antwort war in Wirklichkeit, man verzeihe den Vergleich, die größte und wunderbarste Spätzündungsbombe, die die Welt je gekannt hat. Die Detonation dieser Antwort hallt noch immer durch die Geschichte und wie bei einem fallenden Stern, dessen Bahn schon vor tausenden von Jahren begann und der erst morgen nacht sichtbar werden kann, liegt der Sinn der Antwort noch vor uns, um später in reiferen Zeiten, deutlich zu werden."

Betrachtungen

Die Phantasie, die sich gräßliche Dinge vorstellen kann, vermag auch Bilder einer großen Herrlichkeit vor uns aufzubauen.

Die Furcht vor Verlust und Mangel kann umgewandelt werden in eine Vorahnung von Reichtum und Fülle. Alles wird von dem beeinflußt, worauf wir unsere Gedanken konzentrieren und unsere Sinne richten. „Wo euer Schatz ist, da ist auch euer Herz" kann auch mit „Wo dein

Herz ist, da wird auch dein Schatz sein" wiedergegeben werden.

Was wir befürchten, kommt meistens auf uns zu. Was wir nicht verlieren möchten, wird uns oft genommen, weil wir ihm zu großen Wert beilegen. Sieh der Furcht mutig ins Auge und sie wird sogleich zusammenschrumpfen. Lerne verzichten und willig entsagen. Wir jammern, daß wir nicht leben könnten, wenn uns bestimmte Dinge passieren würden. Dann passieren sie uns, und wir finden uns noch am Leben.

Nur wenn wir hinnehmen, was uns geschieht, und wenn wir dafür danken, legen wir unsere Hand in Gottes Hand und nehmen seinen Willen als unseren an. Dann kann Er uns durch den Garten Eden und die Kreuzigung, durch den gering geachteten Tod und das Grab hindurchführen zur Auferstehung des Selbst, wo wir das Warum erkennen werden. Er kann und will uns aus all der Qual, der Not und Untröstlichkeit, dem Elend und dem Unglücklichsein herausbringen, wenn wir sagen lernen: „Ich nehme es an, Vater, wenn Du mich nur lehren willst". „Ich will mein Kreuz, wie es auch aussieht, tragen, wenn Du mir nur zeigst, was ich dadurch lernen soll. Was willst Du mir dadurch sagen?"

Es ist erstaunlich, wie die Last leicht und gar von uns genommen wird, wenn wir willig sind, sie zu tragen. Nicht in Resignation tragen. Nicht, indem wir uns unter sie legen, sondern indem wir das Kreuz nehmen und es tragen, mit ihm gehen, mit Gott an unserer Seite, alles mit Freude und Dank annehmen.

Wir müssen die Lektion sowohl als Einzelmensch als auch als Volk lernen. Aber wir müssen bei uns selbst anfangen. Wenn wir Gott bitten, unsere Welt heute zu heilen, müssen wir Ihn erst darum bitten, uns zu heilen. Wir allein können unsere Welt heilen.

Meister, hab Geduld mit uns! Lehre uns und führe uns! Zeige uns den Weg! Dank sei Dir, Jesus! Dank sei Dir, Vater!

Weitere Betrachtung

„Herr, beginne in meinem Herzen zu wirken!" ist ein Gebet, das jeder beten und begreifen kann. Beginne in mir. Nimm von mir alle Gefühle der Verbitterung, des Hasses und des Vorurteiles. Nimm hinweg all die alten Gewohnheiten, die sich mit den Jahren gebildet haben, all die überkommenen Ansichten, all die nationalistischen Gefühle, die mich in der Bigotterie und in der Eigensucht festhalten.

Befreie mich, daß ich die anderen Menschen als Kinder Gottes und als menschliche Wesen ansehen kann, die so wie ich ein Leben voll Kummer und Leid, Glück und Freude führen. Laß mich erkennen, warum sie das tun, was sie tun. Wenn ich um das Warum weiß, hilf mir zu vergeben und nicht nach Rache, nach Vergeltung und Strafe zu suchen. Denn wenn ich die suche, brauche ich einen Schutz. Und was könnte mich besser schützen als die Hinwendung zu Dir und wie kann ich mich zu Dir wenden, wenn ich mich durch meine Lieblosigkeit von Dir trenne?

„Herr, wirke in meinem Herzen, bis ich frei bin von aller Auflehnung gegen Dich!" Das ist das ständige Gebet der Unterwerfung unter Gottes Willen. Hilf mir das, was mir unter Schmerzen und Leiden gegeben wurde, als einen Segen zu nehmen, bis ich die Lehre erkenne, die ich daraus ziehen sollte. Laß mich erkennen, daß es mein Widerstand ist, der mein Leiden verursacht, daß meine Ergebung mich erleichtern und heilen würde. Ergebung bedeutet, meinen eigenen, unbedeutenden Willen unter Deinen göttlichen Willen stellen. Sie ist die Erkenntnis, daß ich nicht durch eigene Anstrengungen siegen kann. Sie ist die Unterwerfung meines menschlichen Ich unter Deine göttlichen Absichten.

„Sprich zu mir, Herr, und sage mir, was ich tun soll. Die Ergebung muß durchbrechen zur Tat. Zeige mir nicht nur, worin ich geirrt habe, sondern zeige mir die Richtung des Handelns, die sowohl mein Unterbewußtsein als auch mein bewußter Sinn in das neue Vorhaben bringen, das es zu verwirklichen gilt. Ohne danach zu handeln kann ich nicht glauben. So sprich denn, Herr, Dein Diener hört, und hörend tut er Deinen Willen."

Noch eine Betrachtung

Man sagt, daß das, worum wir im Verborgenen bitten, von den Dächern gerufen wird. Was und wo ist das Verborgene? Es ist das Unterbewußte, der intuitive Teil von uns, in dem wir die geistige Schau erleben. Was immer wir an diesem verborgenen Ort glauben, wird offenbar werden.

Wir mögen mit unserem äußeren, bewußten Sinn denken und mit unseren Lippen bekennen: „Ich weiß, bei Gott ist kein Ding unmöglich, ich weiß, Gott kann mich gesund machen. Ich glaube an Gottes Macht, die alles kann." Aber wenn wir tief in unserem Unterbewußtsein fragen: „Warum wird mir keine Hilfe? Warum werden andere gesund und ich nicht? Warum komme ich in eine solche Lage, wo ich doch glaube und bete und auch andere ständig für mich beten? Warum finde ich keine Erleichterung? Warum werden andere erhört und ich nicht?"

Diese Fragen sind Bekenntnisse unseres Herzens und diese Bekenntnisse sind es, die in unserem äußeren Leben Gestalt werden. Nicht was unsere Lippen ständig wiederholen, sondern was wir im Verborgenen sprechen, wird in Erfüllung gehen.

Wir wollen unsere negativen Fragen in positive Bekenntnisse unseres Herzens umwandeln und sie Tag für Tag wiederholen: „Ich weiß, Gott ist mit mir. Ich weiß, seine Hand liegt in meiner. Ich weiß, Er kann alles, was Er gemacht hat, wieder herstellen und neu machen. Ich weiß, daß alles, was Er gemacht hat, in seinen Augen vollkommen war. Ich weiß, diese Vollkommenheit ist auch für mich und in mir."

Wir sind es, die verherrlichen oder verdammen. Keine noch so große Anzahl von Gebeten anderer Menschen kann uns helfen. Es sei denn, daß wir wachen und beten und unser Unterbewußtsein von Gott erfüllt halten. Wir sind es, die das Urteil über Sieg oder Niederlage fällen. In uns liegt die Macht, uns den Himmel oder die Hölle zu schaffen. Dank sei Dir, Vater, für das Wunder dieser Gabe. Dank sei Dir!

Fürbitte

Wenn wir im Gebet um die Heilung anderer Menschen bitten, machen wir uns zu Kanälen der göttlichen Liebe und fühlen dabei unser eigenes Wirken immer weniger. Wir sind in etwas viel Größeres, etwas Bedeutungsvolleres als wir selbst sind, eingeschlossen, so daß wir allen Sinn für das Persönliche dabei verlieren.

Wir werden nicht mehr durch Fehlschläge beunruhigt. Wir lernen, daß wir oft das Geringste erhalten, wo wir das Äußerste erwarten. Und wo wir nichts erwartet haben, werden wir oftmals über Erwarten belohnt.

Wir werden gelehrt, die Heilung durch das Gebet als etwas so Natürliches wie das Atmen anzusehen, keine Erklärungen dazu abzugeben und es nicht in die Welt hinauszuposaunen. Jesus sagte: „Geh' und sag es niemand!" Nimm es, wie es genommen werden soll, als natürliches Geheimnis. Wenn ein Versagen vorzuliegen scheint und wenn das, was wir so sehnlich erhoffen, nicht eintrifft, dann lege es beiseite und übergib es einer weiseren Hand als die unsre es ist; denn wir wissen: nichts geht verloren und kein Gebet kommt leer zurück. Wenn alle physischen Mittel versagt haben, werden Gebete erhört und unheilbar scheinende Leiden werden durch den Glauben geheilt.

Darum, glaubt fest an dieses Wunder aller Wunder, das zu ergründen jenseits unserer Fähigkeiten liegt, glaubt fest, daß wir beschränkten menschlichen Wesen in der Gegenwart der Allmacht demütig und willig genügend von unserem eigenen Selbst aufgeben können, um in höheres Erkennen hinaufgehoben zu werden, wo wir geeignet und bereit gemacht werden, der göttlichen Liebe für das Fortbestehen des Lebens in anderen Menschen zu dienen. Das ist das Wunder, das jenseits jeder menschlichen Erklärung liegt.

Soweit wir wissen, ist der Raum über uns von einem Milchstraßen-System über dem anderen erfüllt — und doch sind wir winzigen Pünktchen auf diesem, am äußersten Rande liegenden Planeten fähig, das Ganze zu begreifen. Das ist selbst dem heutigen Wissenschaftler ein unerhörtes Wunder, das Herrlichste vom Herrlichen. Als einer von ihnen kürzlich nach seiner Meinung über Gott befragt wurde, antwortete er: „Wenn ich das Universum betrachte, erkenne ich, daß es viel schwerer ist, an nichts zu glauben, als an etwas zu glauben. Ich kann einfach nicht an das Nichts glauben. Ich muß an etwas glauben."

Der Mensch ist durch seine heutigen Kenntnisse gezwungen, eine Ordnung und einen Geist anzuerkennen, die hinter diesem weiten Kosmos walten. Es ist etwas von diesem unendlichen Geist, das den Funken des Begreifens in uns entzündet. Es ist dieses winzige Teilchen von Gott in uns, das wir zu einer Flamme entfachen wollen, damit sie soviel wie möglich von unserem niedrigen Selbst verzehre und uns mit ihrem Glanz erfülle. In diesem Glanze können wir immer größere und weitere Ausblicke der Verheißung genießen. Wir könnten eine neue Art von Menschen sehen, die in eine neue Welt hineingeboren wird.

Es öffnen und enthüllen sich uns Gebiete des Wissens, die bisher von wenigen Menschen auch nur geahnt wurden. Nur hier und da hat es einer gewagt, allein zu diesen Höhen vorzudringen: die Heiligen, die Seher, die Propheten haben gefunden — und sind zurückgekommen — und haben ihren Mitmenschen Dinge mitgeteilt, die zu glauben kaum möglich war. Aber eines Tages müssen wir glauben, daß das scheinbar Unmöglichste wahrscheinlich das Wirklichste ist, das es gibt.

Die heutige Arbeit an der Atomspaltung ist völlig auf theoretischen Lehrsätzen aufgebaut. Die Physiker sagen uns, daß das Unsichtbare die große Wirklichkeit ist. Ein Feld ungeheurer Energie liegt jenseits und über der Materie, die geradezu auf ihr ruht. Wir können es nicht sehen. Wir können keinen von unseren Sinnen gebrauchen, um es zu erkennen. Wir können nur durch Schlußfolgerungen von ihm wissen, aber die Forscher gründen ihre Lehrsätze darauf und sagen, daß auch wir unser Leben darauf gründen können. Zum erstenmal in der Geschichte der Menschheit wird die Religion von der Wissenschaft gestützt. Der jahrhunderte alte Streit zwischen beiden ist durch ein neues Begreifen und tiefes Erkennen zum Schweigen gebracht worden. Wie im Anfang der Geist Gottes über den Wassern schwebte, so scheint er heute durch die Welt zu schweben und eine neue Einsicht zu gebären.

Wir können nicht stehen bleiben, wir müssen vorwärts gehen. Die Entwicklung geht weiter und wir sind ein Teil von ihr. Hier und da ist eine Handvoll, sind die Letzten von Israel bereit und willig, die Fackel zu tragen, auch wenn alles um sie herum untergeht. Durch Gottes Gnade kann es diesen Letzten möglich sein, der Masse diesen Sauerteig beizufügen, und so die Welt vor sich selbst zu retten. Es könnte uns noch möglich sein, die Menschen durch die Stärke unseres Glaubens rechtzeitig zum eigenen Gottes-Bewußtsein zu führen.

Wir müssen erkennen, daß es kein größeres Wunder für Gott ist, sich unser zur Heilung der Welt als zur Heilung eines Einzelmenschen zu bedienen; denn die Heilung eines Einzelmenschen ist die Heilung der Welt.

Gebet für Andere

Im Fürbitt-Gebet vergessen wir alles, was wir brauchen. Wir entlassen unsere eigenen Probleme und verbannen alle Gedanken über unsere eigenen Schmerzen und Leiden, wenn wir uns in die Wärme von Gottes Liebe begeben. Wie eine Blume sich der Sonne öffnet, erheben wir unser Antlitz und sagen: „O Meister, gebrauche uns jetzt! Gebrauche uns! Unsere Teilnahme und unsere Wünsche für die Lieben, für die wir beten, sind so groß, daß wir sie ganz einhüllen möchten, damit Deine Liebe sie durch uns in heilender Kraft berühren möge."!

Wenn wir uns so zur Vermittlung anbieten, können wir

deutlich den Strom des Lebens fühlen, der durch uns strömt. Wir spenden dem anderen Menschen einen Lebensstrom. Das Leben ist es, das heilt. Wir nennen es Natur, aber es ist das schöpferische Leben, das uns gemacht hat und lebendig erhält!

Selbstverständlich heilt es! Nur ein Hauch davon bringt alles in vollkommene Ordnung, erweckt jede Zelle des Körpers zum Leben, bringt jede schlummernde Funktion des Organismus zum Wirken und ruft alle Fähigkeiten wach. Jede Zelle, jede Drüse, jedes Gewebe wird durch diesen Hauch geweckt und vollbringt mit frohem, glücklichem Eifer das zugeteilte Werk. Mit dieser Gewißheit überströmenden Lebens wird alle Furcht verbannt und in der neuen Atmosphäre von Sicherheit und Geborgenheit wird jede Spannung gelöst. Gehen lassen, gehen lassen, gehen lassen! Sagt es beständig und fühlt es sowohl in euch selbst wie für jene, denen ihr helfen möchtet. Alle Worte und Empfindungen werden in das unterbewußte Reservoir geschickt, um später einmal wie eine Offenbarung ins Bewußtsein gehoben zu werden. Diese Worte werden in unserem Unterbewußtsein weiterschwingen noch lange, nachdem wir aufgehört haben, sie auszusprechen.

Eines Tages, wenn wir sie am wenigsten erwarten, oder wenn wir sie am meisten brauchen, werden wir diese Worte wieder „hören". Sie werden deutlich zu uns sprechen, in unser Bewußtsein dringen, bis wir ihre Wahrheit erkennen. Sie werden die gleiche Wärme der Freude und des prikkelnden Lebens bringen, die gleiche Heilung, wie in diesem Moment. Denn bedenkt, ihr Lieben, alles kann geheilt werden, der Name spielt keine Rolle. Wie die Ärzte es nennen oder was sie darüber gesagt haben, spielt gar keine Rolle. Wir können alles beiseite legen, was uns gesagt wurde, denn wir haben es nicht mit dieser Welt zu tun, sondern mit der Welt der göttlichen Liebe, in der alles schon vollkommen ist, wenn wir es nur begreifen und fassen können.

Laßt uns also darum bitten, daß das göttliche Vorhaben in seiner ganzen Fülle und Vollkommenheit zum Vorschein kommen möge. Wir nehmen uns ein Beispiel an Jesus Christus. Das Manna vom Himmel ist das Brot, das Gott seinen Kindern gibt und das sowohl Nahrung als auch Arznei ist.

Das Gebet ist nicht so sehr eine Angelegenheit der Worte, als ein bewußtes Gefühl einer tatsächlichen Gegenwart. Und diese erhalten wir nicht so sehr durch den Verstand, sondern durch das Herz.

Wir berühren das Herz durch Liebe. Das Mittel dazu ist die unpersönliche Liebe Gottes, die keine Gegenleistung fordert — keine Belohnung, kein Versprechen, nicht einmal einen Dank. Wir lassen diese höhere Liebe durch uns hindurch zu einem anderen Menschen strömen. Sie kommt zurück und erfüllt uns wieder. Denn so gewiß wie wir die Liebe Gottes zu einem anderen Menschen hinsenden, so gewiß wird sie zurückkommen und uns erfüllen. Es gibt einen göttlichen Kreislauf und unser Kreislauf ahmt den göttlichen Pulsschlag nach. Der Mikrokosmos spiegelt den Makrokosmos wider.

Indem wir die Liebe Gottes geben, finden wir Gott und seine Liebe. Wenn wir beginnen, das zu geben, was wir haben, erhalten wir immer mehr. Der Weg, Leben und Liebe zu finden, heißt beides hingeben an eine hungernde, nach Liebe schmachtende Welt.

Die schwachen Fasern des Herzmuskels werden wieder fest zusammengefügt und die Herzklappen gekräftigt, sowie sie von der göttlichen Liebe berührt und erfüllt werden und diese Liebe beständig weitergeben. Schwacher Kreislauf wird rhythmisch und kraftvoll, sobald er im Gebet für andere mit dem göttlichen Kreislauf zusammengefügt wird. Öl lockert die steifen Gelenke, wenn das Öl der Freude durch uns täglich in das Leben der anderen Menschen um uns herum gegossen wird. Wenn es irgendwo einen schwachen Punkt gibt, wird er überwunden werden, wenn wir die Lebenskraft des Universums durch unser Sein in das der anderen Menschen leiten.

Wagt es, um viel Kraft zu bitten. Als der junge Prophet Elisa gefragt wurde, was er von dem älteren Propheten haben möchte, bat er um das doppelte seiner Kraft. Laßt uns mutig um die doppelte und dreifache Kraft bitten. Im Grunde genommen brauchen wir gar nicht darum zu bitten. Beginnen wir heute damit, doppelte Kraft zu gebrauchen, so werden wir doppelte Kraft erhalten. Bittet nicht auf lauwarme Weise. Wenn wir überhaupt beten, wollen wir mit ganzem Herzen beten. „O, daß Du kalt oder warm wärest" rief Jesus aus. Laßt uns mit der gleichen Inbrunst für andere Menschen beten, wie wir für unser eigenes Kind, unsere eigene Mutter, unseren eigenen Vater, unsere liebsten Menschen beten würden! Denn diese anderen Menschen sind unsere Kinder, unsere Schwestern und Brüder. Im Geiste Jesu sind wir alle eine Familie.

Der Heilige Geist

> „Wenn ihr mich liebet, werdet ihr meine Gebote halten, und ich werde den Vater bitten, daß er euch einen anderen Tröster gebe, der ewiglich bei euch bleibt, nämlich den Geist der Wahrheit, den die Welt nicht empfangen kann ..." „Der Tröster, der Heilige Geist, den mein Vater in meinem Namen senden wird, der wird euch alles lehren ... (Joh. 14, 15 - 17 + 26)"

Wir verlieren den kostbarsten Teil unserer Religion, wenn wir sie nur dazu benützen, um zu entscheiden, was wir tun oder nicht tun, was wir glauben oder denken sollen. Es ist das größte Vorrecht, der größte Trost des Menschen, daß er die Gegenwart des Heiligen Geistes erfahren kann. Die Welt hat nichts zu bieten, was dem verglichen werden könnte.

Es ist wahr, daß wir oft durch die Liebesdienste der Menschen, die uns lieben, den Weg zu des Vaters Hilfe und zu des Meisters Gegenwart in uns finden. Freunde kommen, um uns über eine schwierige Lage hinwegzuhelfen, eine Last mit uns zu tragen, die so schwer ist, oder um uns ihre Liebe und ihre Anteilnahme mitzuteilen, wenn wir durch Sorgen und Katastrophen niedergedrückt sind. Aber wir wissen, daß wir nicht beständig mit menschlicher Hilfe rechnen können. Was für ein Trost ist es, zu wissen, daß wir immer und zu jeder Zeit den Heiligen Geist anrufen können und niemals das Gefühl haben müssen, zuviel zu verlangen.

Laßt uns einfach wie kleine Kinder sein, die ihren irdischen Vater um etwas bitten. Kinder überlegen nie, ob sie zuviel verlangen oder ob sie das, was sie möchten, auch verdienen, oder ob es richtig ist, daß sie es bekommen. In ihrer Begierde bitten sie einfach. So schenkt auch Gott in seiner Liebe uns, seinen Kindern. Es gibt eine Einfachheit im Gebet, die überwältigender ist als alle Zusammenhänge der Logik und Philosophie.

Oft stellt unser Erwachsenenverstand die Weisheit unseres himmlischen Vaters in Frage. Wir können manchmal sogar die Antwort auf unser Gebet nicht akzeptieren, ja sogar ablehnen, weil wir das Gefühl haben, es sei nicht die richtige Antwort. Wir gleichen dem Menschen, der etwas durch die Post bestellt und, wenn es ankommt, es zurückgehen läßt, indem er sagt: „Das ist nicht das, was ich bestellt habe." Wir geben Gott in dieser Form manches zurück, weil wir meinen, wir hätten nicht das bekommen, was wir bestellt haben!

Als ich in meinem eigenen Leben aus einem einsamen, für andere Menschen gelebten Leben heraus Gott von meinem Hunger nach Gemeinschaft sprach und von meinem großen Bedürfnis nach Liebe und Zuneigung, sandte Er mir eine Antwort. Aber ich konnte mich nur schwer dazu entschließen, diese Antwort anzunehmen, denn sie schien gar nicht das zu sein, was ich erwartet hatte. Ich urteilte nach dem äußeren Schein und dem Maßstab der Welt, nach dem zu leben ich gelehrt wurde. Auf diese Weise versäumen wir viel, ihr Lieben! Wieviel würde ich versäumt haben, wenn ich die Antwort zurückgewiesen hätte!

Aber da war eine tiefe Überzeugung in mir, die aus einer größeren als meiner Weisheit kam, daß es besser für mich wäre, abzuwarten, was in dieser Antwort für mich enthalten sein könnte. Das war die Führung des Trösters. Als ich der Welt ein taubes Ohr hinkehrte und mehr und mehr auf die innere Stimme hörte, fing ich an, geistig zu wachsen. Meine Reife begann, als ich erkannte, wie leicht die Menschen Gottes Antwort ablehnen, weil sie nur das Äußere und nicht das Innere sehen. Aber das Innere zählt, ihr Lieben! Wir sehen dieses Innere nicht mit diesen unseren irdischen Augen.

So laßt uns denn zu unseren eigenen Problemen zurückkehren und der Weisheit vertrauen, die größer ist als unsere eigene. Laßt uns zu Gott sagen, daß wir nehmen wollen, was immer es auch sei, weil es uns gehört und weil Er es uns geschickt hat. Dann wollen wir den Tröster bitten, uns zu lehren, was wir davon wissen müssen. Wir wollen es mit dem Vertrauen eines kleinen Kindes annehmen und darum bitten, daß uns gezeigt wird, was darin für uns enthalten ist.

Das ist nicht leicht. Es besteht ein Konflikt zwischen unserer irdischen Ansicht über das, was uns am besten frommt, und dem, was uns der Heilige Geist lehrt. Es wird oft vorkommen, daß wir uns auflehnen und uns ob unserer Naivität Toren und Narren schelten. Aber wir erkennen auch, daß das oft die Stimme des niederen Ich ist, die aus einer tieferen Stufe der Entwicklung spricht und daß wir uns nur unnötig quälen, wenn wir auf ihre Argumente hören. Wir erkennen unsere Bereitwilligkeit, wir erraten die Untertöne der Selbstbemitleidung, wir lächeln tief innen über die schlaue Art, mit der wir versuchen, uns vor den schwierigen Aufgaben und Pflichten zu drücken. Solche Augenblicke kommen immer, wenn wir müde und entmutigt sind. Deshalb sollen wir lernen, mehr zu ruhen, uns zu entspannen, oft zu meditieren und eine allstündliche Gemeinschaft mit dem Heiligen Geist zu pflegen.

Wenn wir einmal ausgleiten, sollten wir uns nach Bruder Lorenz richten, der in seinen persönlichen Briefen schrieb, daß er die Zeit nie mit nutzlosem Bedauern verschwendet habe. Wie er wollen wir da wieder anfangen, wo wir abgewichen sind und vorwärtsgehen. Zu viel Zeit kann in hoffnungsloser Verzweiflung vergeudet werden. Wir verbrauchen zuviel Energie im Vor- und Rückwärtsschreiten, im Auf und Ab. Wenn wir es lernen, uns an den Tröster zu wenden, wird er uns sofort die Richtung weisen und dazu noch eine wertvolle Lehre geben. Denn Jesus versichert uns, daß, wenn wir bitten und hören, der Heilige Geist uns alles lehren, uns alles enthüllen und uns in alle Wahrheit führen wird.

Es ist wunderbar zu wissen, daß wir an Gnade wachsen können, weil der Heilige Geist alle kleinlichen Gedanken hinausdrängt, die uns bedrücken und fesseln, und uns mit herrlicher, wachsender, positiver Liebe erfüllt, die uns auf der Leiter der geistigen Empfindsamkeit immer höher trägt, bis wir die Schönheit und Herrlichkeit sehen, die Gott seinen Kindern gegeben hat.

Heute bitten und flehen wir nicht, daß unser Vater etwas für uns tun oder uns etwas geben soll. Wir bitten eher, Er möge uns unsere Augen öffnen und unser Bewußtsein fähig machen, seine Gegenwart und seine Vollkommenheit in uns besser zu erkennen. Langsam, aber sicher erkennen wir die guten Dinge, die Er uns geben will, wenn wir sie nur annehmen und Ihm glauben würden, daß sie uns gehören. Sie sind da — nichts braucht hinzugefügt zu werden außer unserem Schauen - können.

Wir mögen uns fragen, ob es recht ist, um dies oder das zu bitten. Es ist immer recht, zu beten und zu bitten, nach einiger Zeit erkennen wir sogar, daß wir gar nicht soviel erbitten müssen. Wir erkennen, daß die Überfülle Gottes überall ist und nehmen das für uns in Anspruch, was wir brauchen. Die Fülle ist da, wie die Gesundheit, die Gemeinschaft, die Liebe und die Freundschaft da sind. Wir müssen nur lernen, sie zu nehmen und zu gebrauchen, denn sie gehören uns.

Wenn wir immer weniger in unserem kleinen Ich leben, suchen wir nach neuen Wegen, auf welchen Gottes Macht uns besser gebrauchen kann, um den Überfluß des inneren Lebens anderen Gotteskindern zu bringen. Wo immer unsere Talente liegen mögen — wir bitten um schöpferische

Gedanken und Offenbarungen, um rechten Ausdruck, um Eingebungen des Heiligen Geistes. In der Musik bitten wir um größere Harmonie, in der Kunst um treffendere Gestaltung, im Unterricht und im Umgang mit Kindern um größere Einsicht und größeres Verständnis; in der Pflege der Kranken im Krankenhaus, im Sprechzimmer oder zu Hause bitten wir, daß immer mehr von der schöpferischen Kraft Gottes in und durch uns wirken möge, damit wir auf der Erde das Himmelreich näher bringen können.

Dies ist vor allem unser großes Endziel. Wenn wir die äußeren Umstände bewältigt und uns überwunden haben, kommen wir mit Jesus dahin, wo wir den Vater durch uns wirken lassen, indem wir alles, was wir haben, was wir sind und was wir sein wollen, hergeben. Aller persönliche Stolz im Vollbringen verschwindet. Wir haben nicht das Gefühl, etwas um der Belohnung, der Stellung, des Ruhmes oder des Dankes willen zu tun. Es gibt nichts, was das Ich verlangt. Denn das Ich ist zum Christus-Wesen auferweckt worden, das um nichts bittet als darum, gebraucht zu werden. Es ist nur ein Wunsch übrig geblieben: der Wunsch, als ein unerschöpflicher Kanal der Liebe Gottes nötig zu sein.

Wer ist meine Mutter?

Oft, wenn wir auf den Anfang unseres heilenden Dienens zurückblicken, glauben wir, es hätte damals viel wunderbarere Ergebnisse gegeben als das jetzt der Fall ist, und wir fragen uns, was wohl mit uns geschehen ist.

Wahrscheinlich haben wir in unserer Begeisterung und in unserem Eifer schon das Geringste als wunderbar angesehen. Mit der Zeit fingen wir, vielleicht unbewußt, an, nach Wundern, nach Zeichen, nach etwas Zauberhaftem auszuschauen. Das ist eine gefährliche Versuchung, die wir alle einmal bestehen müssen, sonst würden wir etwas Kostbares verlieren. Wir müssen zurückgehen und immer wieder die Mahnung des Meisters hören und lesen, daß wir ausgehen und unseren Samen aussäen sollen. Das heißt, wir müssen noch mehr Menschen treffen, mit noch mehr Menschen in Berührung kommen. Wir dürfen uns nicht auf einige wenige konzentrieren, sondern müssen den Samen ausstreuen, müssen ihn fallen lassen, wohin er will. Wir müssen die Froh-Botschaft der großen Freude den Ohren mitteilen, die geöffnet sind und der Mensch, der bereit ist, wird sich ändern.

Die Heilung wird kommen, die Bekehrung wird stattfinden und vollkommene Früchte tragen. Der Boden, der noch nicht zubereitet ist, kann keine Früchte tragen, aber wir können nicht wissen, was für einen Boden wir gerade pflügen. Vielleicht sollen wir es auch nicht wissen. Unsere Aufgabe ist es, den Samen zu säen!

Wie gut, wie weise das ist! Wenn wir denken, daß ein uns nahestehender Mensch geändert werden oder dahin gebracht werden muß, die Dinge so zu sehen, wie wir sie sehen. Wenn dieser Wunsch in unserem Herzen brennt und alles, was wir denken und tun, sich einzig darum dreht, diesen einen Menschen sehend zu machen, dann können wir sicher sein, ihr Lieben, daß wir sehr sorgfältig auf die Mahnung Jesu hören sollten und unser ausschließliches Interesse von diesem einen Menschen wegwenden, unser Gebetsleben auch auf andere Menschen ausdehnen müssen.

Wer ist meine Mutter? Wer ist mein Bruder oder meine Schwester? Wer gehört zu mir? Nun, diejenigen, die die Sprache meines Herrn reden. Jene, die warten und zum Hören bereit sind, die gehören zu mir. Sagt das Wort des Herrn dem einen Menschen, für den ihr ein so beherrschendes Interesse habt. Gebt es weiter in dem Wissen, daß zur rechten Zeit und durch die Gnade Gottes das richtige Wort für sie einmal gesprochen wird. Wird die richtige Saite in ihrem Herz angerührt, werden sie hören und lauschen, aufmerken und sich ändern. Aber es steht uns nicht zu, Tag um Tag und Jahr für Jahr darauf zu bestehen, daß dies geschehen muß.

Nicht wir bestimmen die Zeit. Immer wieder hat uns der

Meister gesagt, daß nicht wir das Muster machen. Wir haben nur zu beten und zu erkennen, daß das Muster in all seiner Schönheit und Fülle der Vollkommenheit da ist. Seht es an, faßt es genau ins Auge. Ja, nützt all die Vorstellungskraft, die ihr habt, und seht den Menschen, den ihr so gern ändern möchtet so an, wie ihr ihn haben wollt. Aber mehr können wir nicht tun. Säet über noch mehr Land, pflanzt noch mehr Samenkörner, sucht noch mehr Menschen zu erreichen und überlaßt euren Traum Gott.

Begeistern, nicht Fordern

Wir sollen anderen Menschen hinaufhelfen, zum Höchsten und Besten, das wir uns für sie erdenken können, aber wir sollen keine Vollkommenheit von ihnen verlangen. Der einzige sichere Ort, Vollkommenheit zu erlangen, liegt in unserem eigenen Selbst. Wenn wir sie von einem anderen Menschen erwarten, werden wir Enttäuschungen und Ernüchterungen erleben.

Es ist uns gesagt, „Ihr sollt keine anderen Götter neben mir haben"! Gott in einem anderen Menschen personifizieren heißt, sich einer feineren Art von Götzendienst schuldig machen. Wir mögen göttliche Eigenschaften in anderen Menschen verehren — denn das heißt wirklich Gott verehren — aber einen anderen Menschen auf das Piedestal erheben ist gerade das, vor dem wir gewarnt werden.

Ein Grund, warum wir es trotzdem tun, ist, daß wir gerne an das Gute glauben möchten, daß wir es so nötig haben, göttliche Liebe wirken zu sehen. Wir brauchen den Beweis, daß eine solche Liebe wirklich existiert. Jesus von Nazareth gab sein Leben freiwillig, um den Menschen zu beweisen, daß diese göttliche Liebe groß genug ist, um sich ganz zu opfern. Er starb, um die Menschen von der Sünde ihres eigenen Unglaubens zu erretten. Denn Sünde ist das Ergebnis des Nichtglaubens an das Gute und entspringt einer Art Trennung von Gott, von dem Guten. Wenn wir daher Menschen begegnen, die mehr göttliche Eigenschaften als andere an sich haben, neigen wir dazu, sie zu vergöttlichen und sie zu unserem Vorbild zu machen, statt uns immer das vollkommene Vorbild Jesu Christi vor Augen zu halten.

Wir sprechen natürlich mit anderen über diese wunderbaren Menschen und ihre Arbeit, bis sich eines Tages etwas ereignet, was wir als eine Schwäche von ihnen ansehen. Wenn das Menschlich-Allzumenschliche zum Vorschein kommt, sind wir ernüchtert und verletzt. Der Schock über unsere Entdeckung kann groß genug sein, um uns von dem eingeschlagenen Weg abzubringen, wir gehen aus dieser Erfahrung als traurigere, aber klügere Menschen hervor.

In der Rückschau auf unsere Vergangenheit können viele von uns sich an eine Reihe großer Vorbilder erinnern, die sie von einer Enttäuschung und Ernüchterung zur anderen verehrt haben. Wir wollen alles bewundern, was wir im anderen Menschen der Bewunderung wert halten, wollen ihm ein Ausnahmerecht zuerkennen, aber nicht die Vollkommenheit von ihm erwarten.

Wir würden uns sehr unbehaglich fühlen, wenn andere Menschen von uns Vollkommenheit erwarten würden, weil wir wissen, wie weit wir von dem Ideal entfernt sind, dem wir nachstreben. Genau so werden die Menschen, die wir über andere erheben, ihre Mängel bitter empfinden, und die Verehrung, die wir ihnen entgegenbringen, wird sie sehr in Verlegenheit setzen. Deshalb müssen wir es lernen, uns für die Vollkommenheit im anderen zu begeistern, aber sie nie von ihm verlangen.

Von der Anwendung geistiger Erkenntnis

Es gibt eine geistige Erkenntnis, die den Menschen gegeben wird, die sich an die Worte Jesu Christi halten und täglich mit Ihm leben. Es gibt eine Art geistiger Kraft, die Jesus und seine Jünger kannten und gebrauchten. Sie war auch vielen Heiligen und Mystikern bekannt. Sie wirkt oberhalb der Verstandessphäre und kommt vom Heiligen Geist. Es ist die göttliche Weisheit, die uns lenkt und führt und uns sagt, was wir wissen müssen. Wir suchen diese Kraft nicht von uns aus; denn wir wissen, daß sie uns gegeben wird, wenn wir sie für uns oder für andere Menschen brauchen.

Es ist die höchste Form der Erkenntnis. Der Meister selbst hat uns Beispiele davon gezeigt. Als Er mit der Samariterin am Brunnen sprach, hat Er nicht nur vom Wasser des Lebens gesprochen, das sie trinken müsse, um nie wieder zu dürsten. Er sagte ihr viele Dinge aus ihrem persönlichen Leben, die Er kaum auf andere Weise, als durch geistige Erkenntnis erfahren haben konnte.

Am Abend vor dem Passahfest fragten die Jünger Jesus, wo sie das Mahl halten würden. Sie waren zu sehr mit der Zubereitung des Mahles beschäftigt und wußten keinen Ort, an dem sie zu seiner Einnahme hätten zusammenkommen können. Er sagte ihnen, sie sollten einem Manne folgen, der ein Wassergefäß auf seiner Schulter trage. Er würde sie zu einem Hause führen, in dessen Söller ein leerer Raum sei, den sie benützen könnten. Dort würden sie sich treffen. Und noch einmal, als Er sich zu dem triumphalen Einzug in Jerusalem rüstete, sagte er ihnen, wohin sie gehen müßten, um ein Füllen zu finden. Es sei auf einer bestimmten Straße an einem Pfosten angebunden.

Diese Beweise geistiger Erkenntnis finden wir im Leben all derer, die sich Gott geweiht haben. Sie kommen von Gott, direkt vom Heiligen Geist und sollten uns niemals beunruhigen. Es ist eine schöne und seltene Gabe des Geistes, die zum Heil und zur Führung seiner Schafe behutsam und betend angewendet werden sollte. Sie dürfen auch nie um ihrer selbst willen gesucht und nur für den höchsten Zweck gebraucht werden.

Der Meister versicherte seinen verstörten Jüngern, daß Er, wenn Er wollte, Legionen von Engeln herbeirufen könnte, um körperlichen Qualen zu entgehen. Er brauchte nur zu rufen, und diese Legionen würden augenblicklich zu seiner Hilfe herbeieilen. Aber Er entschied sich, sie nicht zu rufen. Wir haben allen Grund zu glauben, daß diese himmlischen Heere uns umgeben, und daß wir auf ihren Schutz und ihre Macht bauen können.

Jesus sagte, wir könnten all das tun, was Er getan hat, sogar noch Größeres, weil Er in die wiederauferstandene Macht ging, in die Kraft, die Er als Mensch auch auf dieser Erde hatte, die Er noch erhöhen und erweitern würde. Mehr noch — all jene, die in diesen 2000 Jahren gelebt haben und seiner Lehre gefolgt sind, haben diese Kraft vervielfältigt, so daß heute die Menschen, die das Wort der Heilung in seinem Namen sprechen, fähig sein müßten, zu den Blinden zu sagen: „Öffnet eure Augen und seht!", zu den Tauben: „Öffnet eure Ohren und höret", und zu den Lahmen und Krüppeln: „Stehet auf und wandelt!"

Wir sollten uns nicht wundern und es auch nicht bewundern, wenn wir sehen, daß sie es tun können. Wir sollten es erwarten und es so natürlich nehmen wie das Essen oder Atmen. Denn Heilen ist ein Teil unseres natürlichen Lebens. Es ist ein Teil unseres christlichen Erbes. Aber wir haben viel davon verloren, wie auch andere, ältere Religionen es gekannt und verloren haben.

Die altpersischen Propheten kannten den Schlüssel zur geistigen Erneuerung und lehrten ihre Jünger, wie man sich über die Schicksalsschläge und die Qualen der Enttäuschung erheben kann. Aber als die Stimmen der Welt eindrangen, verwickelten sie sich in Diskussionen über die Reinheit oder Unreinheit der Speisen, über Recht oder Unrecht der Eheschließungen zwischen den Kasten und zogen so einen undurchdringlichen Vorhang zwischen ihre Riten und die Macht des göttlichen Geistes.

Auch die Brahmanen kannten und gebrauchten die großen Geheimnisse der geistigen Kraft schon vor Jahrhunderten. Aber als sie den weltlichen Beweggründen Raum gaben und eine Menschengruppe als unrein beiseiteschoben, die man nicht berühren dürfe, senkten sich unsichtbare Schleier vor sie und schlossen sie von den kosmischen Kräften ab, die ihnen Vollmacht gegeben hätten.

Ohne Zweifel kannten die frühen Christen die Kraft des heilenden Christus. Aber die Kirche verlor sie allmählich, als sie im Namen des sanften Heilands kriegsmäßige Kreuzzüge unternahm, die grausame Inquisition einführte und gegen alle erbittert Krieg führte, die den Buchstaben ihrer Gesetze nicht anerkannten. Die Heilung durch den saumlosen Rock geschah nicht mehr an den Schmerzenslagern. Die Menschen begannen, an der Wirklichkeit der Wunder und sogar an der Existenz des Menschen Jesus von Nazareth zu zweifeln.

In späteren Jahrhunderten haben wir uns in andere Götter verliebt. In der westlichen Welt haben wir die Götzenbilder Naturwissenschaft, Mathematik, Philosophie angebetet und den Kontakt mit den ewigen Wahrheiten verloren, die die Generationen unserer Vorfahren gestützt und getragen haben bis in unsere Zeit, in der, wie Elton Trueblood so anschaulich sagt: „Gruppen christlicher Gläubiger zu Inseln in einem Ozean des Heidentums geworden sind."

Heute ist die Wissenschaft soweit fortgeschritten, daß sie die Lehren unseres christlichen Glaubens geradezu stärkt und stützt. Sie zeigt uns zwei Welten: eine sichtbare und eine unsichtbare. Für sie wird, wie für die Religion, die unsichtbare Welt immer wirklicher. Wir haben erkannt, daß die sichtbare Welt auf der unsichtbaren gegründet ist. Die Welt der unsichtbaren Energie wird in der sichtbaren Welt der Dinge greifbar. Aber die sichtbare Welt könnte ohne die unsichtbare nicht bestehen. Das Elektron ist stofflich nicht vorstellbar. Doch dem Wissenschaftler ist es durch seine Wirkungen vertrauter als ein gewöhnliches Stück Holz.

Selbst die Schöpfungsgeschichte wird durch Tatsachen gestützt, die uns die Wissenschaftler vorlegen. Natürlich können sie nicht ergründen, was vor der Schöpfung war, aber sie sagen uns, daß die Lebens-Materie im Anfang aus einer feurigen Energie bestanden hat, die so übermächtig gewesen sein muß, daß im Vergleich dazu der Kern einer Atom-Bombe ein kleiner Knallfrosch ist. In diesem ursprünglichen Ausbruch kochender Energie gab es noch keine Materie. Es existierten noch keine Atome; nur Neutronen rasten mit unvorstellbarer Geschwindigkeit dahin. Als sie sich verlangsamten, gaben sie winzige Teilchen von Energie, die Elektronen ab, die sich um die Neutronen drehten, bis sich die elektronische Hülle gebildet hatte.

So wurden die ersten Atome geschaffen. Diese Atome aus Uran und Thorium waren die ersten Bausteine, aus denen die sichtbare Welt gemacht worden ist. Ein leeres und formloses Universum fühlte den ersten Atem schöpferischer Ordnung.

Es wird sogar gesagt, daß das Licht existierte, bevor die Materie geformt wurde, was die Verse aus der Schöpfungsgeschichte bestätigen, die da besagen, daß das Licht da war, ehe die Sonne, der Mond und die Sterne geschaffen wurden. Dieses Licht war eine strahlende Energie und kein Feuer aus brennender Materie. Welcher Teil dieser strahlenden Energie, wenn überhaupt einer, war Geist? Ein Physiker mit religiöser Überzeugung erklärte, daß der Logos (das Wort), das kosmische Proton, der schöpferische Grund alles Seienden sei.

Wenn wir uns heute mit dem geistigen Leben beschäftigen, haben wir viel, was unseren Glauben von der wissenschaftlichen Seite her stützt. Wenn wir an die ungeheure Energie denken, die im Universum ist, wollen wir im Sinne von Licht und Leben an sie denken, als von einer Energie, die wir weder sehen noch bestimmen, aber erfahren — erleben — können. Dieses Leben ist überall und ist unendlich. Wir können es deshalb nie ausschöpfen. Es ist un-endlich und doch fühlen wir es. Wir wissen, wir sind eins mit diesem Leben, und es ist eins mit uns, unzertrennlich und fortdauernd.

Wenn wir das begreifen, erkennen wir, daß alles Heilen nur darin besteht, daß wir unser Selbst immer mehr diesem unendlichen Leben öffnen und daß Erkenntnis nur das Wirken des geistigen Wesens in dieser unsichtbaren Energie ist, die sich ungehindert vom Gewicht und der Dichte der Materie bewegen kann.

Das Feilschen im Tempel

„Und Er ging in den Tempel und fing an, die Verkäufer und Käufer auszutreiben" (Mark. 11, 15).

Genauso treibt Er heute diejenigen aus, die in ihrem Gebet feilschen; die fasten, um zusätzlich gesegnet zu werden; die den Zehnten geben, damit sie Überfluß erlangen; die dem Herrn Großes versprechen, wenn ER sie nur erhört und ihnen in ihrer äußersten Not hilft.

All das ist ein Feilschen, in dem die Menschen eine Gegenleistung für etwas Geopfertes erwarten. Sie alle treibt Er aus, wie Er die Geldwechsler vor langer Zeit ausgetrieben hat, und ruft uns wie ihnen zu: „Mein Haus soll ein Bethaus sein." Nur eine Gegenleistung möchte Er von uns haben: unseren Glauben und unsere Liebe. Betet im Glauben an seine Liebe, die keine Gegenleistung fordert als nur unsere Liebe und unser Vertrauen. Wenn wir das, was wir erbeten, empfangen haben, gehen wir in der Liebe zu anderen Menschen, damit auch sie empfangen mögen. „Freiwillig habt ihr empfangen — freiwillig sollt ihr geben."

Die Welt des Feilschens und der Gegenleistung gehört in den Bereich dieser Welt. Hier muß man für alles, was man erhält, etwas geben. Aber in Gottes Welt nicht. Gebt dem Kaiser, was des Kaisers ist, aber gebt Gott nur die Tugenden, die zu Ihm und seiner Welt gehören: Liebe, Vertrauen, Dankbarkeit.

Wir brauchen nicht einmal zu bitten. In dem Augenblick, in dem sich unsere Herzen im Glauben öffnen, ist das, was wir brauchen, unser. Wir tragen in uns die Wunder, die wir außen suchen. Laßt sein Haus ein Bethaus sein. Dann werden wir dort in der Stille und Betrachtung unsere Kraft bekommen.

Höherer Grund

„Ich sage, kein Mensch war je andächtig genug,
Keiner hat je genug verehrt und angebetet,
Keiner hat begonnen, zu überlegen, wie göttlich
Er selbst sei, und wie gewiß die Zukunft."

So sang Walt Whitman, der Prophet eines neuen Zeitalters, in dem die Menschen ihr höheres Geburtsrecht und ihr reicheres Erbe als Söhne des Höchsten in Anspruch nehmen werden.

Werft die Kleider der Finsternis weg, ihr Lieben, und kleidet euch mit den glänzenden Strahlen des Lichts! Groß ist die festliche Halle, in der ihr Gast sein sollt, wenn ihr nur kommt. Der König der Könige ruft, euch zu beeilen. Warum zögert ihr? Warum findet euer Herz noch Entschuldigungen? Wißt ihr nicht, daß ein Platz für euch bereit ist? Wenn ihr versäumt, ihn einzunehmen, wird der König ihn nicht einem anderen geben, sondern warten, bis ihr kommt.

Wie lange wollt ihr Ihn warten lassen? Ihn, der seit Unendlichkeiten in der Stille und im Schweigen gewartet hat? Öffnet weit die Tore eures Seins! Laßt den Boten Gottes eintreten und euch in den Glanz des himmlischen Hofstaates kleiden. Dann erhebt euch und geht zu eurem Vater, dessen Arme sich sogar jetzt noch weit öffnen, um euch willkommen zu heißen.

Euer Vater ist ein König und alles, was Er hat, gehört euch. Ach, ihr weicht zurück und zögert? Ihr wendet euch in Unentschlossenheit ab? Geht euren Weg weiter, ihr Lieben! Aber kommt nicht zurück, um weitere Gunst zu bitten oder um weiter zu suchen, bis ihr bereit seid, das eure in Empfang zu nehmen!

Beginnt die Aufgabe der Zucht und der Einübung, daß ihr der Gabe würdig werdet, die euch geboten wird. Betet nicht um Dinge, sondern betet unaufhörlich um Erleuchtung und das höhere Bewußtsein, daß euer inneres Auge geöffnet und daß ihr sehend werdet.

Bereitet den Weg

Johannes der Täufer predigte in der Wildnis von Judäa und bezeichnete sich als den, von dem der Prophet Jesaia sagte: „Es ist die Stimme eines Predigers in der Wüste:

Bereitet dem Herrn den Weg und machet richtig seine Steige! (Math. 3, 3)

Schlag aus der Wildnis deiner Verwirrung einen geraden Weg ein, damit du den Weg für den kommenden Herrn findest. Wenn du dich in einem Gewirr negativer Gefühle verloren glaubst, breche zu einer positiven Überzeugung durch, und halte dich daran fest, wie es der Landvermesser tut, der eine Straße festlegt. Er hält sich an einen festen Punkt und legt seinen Plan von ihm ausgehend an. Obgleich das einzige, das du ganz bestimmt weißt, das ist, daß du lebst, richte deinen Kurs nach dieser Tatsache und suche weiter nach einem Weg zum sicheren Hafen.

Wenn du lebst, dann gibt es außerhalb deines Lebens ein Leben, das größer ist als deines und das dein Leben trägt. Wachse in den Gedanken eines größeren Lebens hinein. Dann wirst du beginnen, um dich herum Leben zu sehen und es als das nämliche Leben erkennen, das in dir ist. Das bedeutet, daß du mit dem Leben, das überall und in allen Dingen ist, eins bist. Fühle diese Einheit! Werde mit dem Verwandtsein alles Lebendigen vertraut, und bald wirst du dieses Verwandtsein in Liebe verwandeln!

Die Liebe und das Leben kommen aus einer unendlichen Quelle, die wir Gott nennen. Du bist eins mit dieser Liebe und mit diesem Leben und deshalb eins mit Gott. Wenn du diese verschiedenen Stufen begreifst, wird sein Licht anfangen, durch den Nebel deines Unglaubens zu dringen, bis ein lichter Weg durch deine Wüste sichtbar wird. Das ist der gerade Weg, auf dem du dein eigenes Christus-Wesen findest und zur Erkenntnis des Gesetzes kommst, das alles in deinem Leben in vollkommene Ordnung bringen wird. Bereite deinen Weg!

Ausweitung der Sinne

Wie können wir unser wahres Sein auf die höheren Ebenen des Geistes ausdehnen? Auf welche andere Weise als die der Menschen, die ihre fünf Sinne erweitert haben, um die irdischen Dinge unter ihre Gewalt zu bringen.

Der Mensch hat seinen Horizont durch Instrumente und Werkzeuge ausgeweitet. Die Keule oder die Axt ist nur ein verlängerter Arm. Kugellager und Hebel steigern die Leistung unserer Körpermuskeln, so daß der Mensch mit einer eigens erfundenen Maschine einen Berg versetzen kann. Das Teleskop erweitert das Gesichtsfeld des Auges ins Ungeheure. Durch das Mikroskop sieht es das Kleinste.

Wir wollen den Meister bitten, uns zu helfen, alle unsere Sinne zu erweitern, sie in eine höhere Schwingung, auf eine höhere Ebene des Begreifens zu bringen. Wir wollen um Hilfe bitten, daß unsere Sicht sich auf den geistigen Bereich ausdehnt, daß wir die Wirklichkeiten erkennen können, die hinter dem Sichtbaren liegen; wir möchten fähig werden, durch die Begrenzungen jeder Art hindurch die Fülle zu sehen.

Wir suchen ein geistiges Begriffsvermögen und eine erweiterte geistige Schau, daß wir die Welt sehen können, wie Du sie gesehen hast — als ein Himmelreich, das schon auf Erden errichtet ist. Wir möchten den Zank und nichtigen Streit der Menschen nicht beachten und die Einheit, Gemeinsamkeit und gegenseitige Abhängigkeit der Menschen sehen, die in brüderlicher Liebe verbunden, in der Liebe zu Gott vereint sind.

Wir wollen hinter der Unordnung, die der Mensch gemacht hat, die Ordnung sehen, die Gott geschaffen hat. Wir wollen die ewigen Wahrheiten schauen und wissen, daß die Liebe ist, Haß gemacht wird; daß Ordnung ist, Unordnung gemacht wird; daß Glück ist, Unglück gemacht wird; daß Gesundheit ist, Krankheit gemacht wird.

Hilf uns schauen, damit wir das, was hinter dem Scheinbaren liegt, erkennen und so das richtige Urteil fällen können. Denn wenn wir mit unseren geistigen Augen klarer sehen, können wir erkennen, daß unser deutlicheres geistiges Sehen sich in unserem körperlichen Sehen spiegeln wird.

Wir wollen stille werden, unseren Körper entspannen und unseren Geist mit unserem Körper ruhen lassen, so daß sich unser Gehörsinn erweitert und wir das leise

Flüstern aus der Quelle der göttlichen Wahrheit vernehmen. Wir möchten hören, was der Heilige Geist uns sagen will. Wenn wir für die Harmonie empfindsamer werden, werden wir es selbstverständlich auch für die Disharmonie. Aber wir wollen unsere Ohren schärfen, daß sie nur göttliche Harmonie hören und wir erkennen, daß die disharmonischen Töne unsere eigene Schöpfung sind.

Wir wollen unser Gehör so schärfen, daß etwas in uns die negativen Wahrnehmungen automatisch in positive verwandelt, in dem Wissen, daß die negativen Feststellungen nur die halbe Wahrheit sind. Wenn jemand sagt: „Ich kann nicht, es ist mir nicht möglich, ich wollte, ich könnte", wollen wir diese halbe Wahrheit vervollständigen und sie zu etwas Ganzem machen, indem wir sie in jenen höheren Bereich hinaufheben, in dem sie zu einem „Ich kann; es ist mir möglich; im Namen Christi will ich" werden.

Wir wollen dieses innere Lauschen entwickeln, bis wir uns über die Schranken des niederen Lebensbereiches erheben und die herrlichen Dinge ergreifen, die irgendwo in der ätherischen Hülle der Erde liegen. All die wunderbaren Gebete, die vollkommene Musik, die lieblichen Stimmen, die wohlklingenden Lieder, die Segnungen und Wohltaten der vergangenen Jahre halten sich irgendwo in der Welt der empfindlichen Schwingungen auf und warten darauf, daß wir sie wie die Radiowellen aus der Luft aufnehmen.

Wir wollen unseren inneren Gehörsinn entwickeln, bis wir all das einfangen können, was vor uns gewesen ist: das Leben jener, die im Geiste gelebt, ihr niederes Ich geopfert haben, bis ihr Christuswesen auferweckt wurde. Alles liegt wie die Seiten eines aufgeschlagenen Buches vor uns, damit wir sie lesen, oder wie die Klänge von Harfen, damit wir sie hören. So wollen wir das Hören und Sehen in die weite, unendliche Welt hinein ausweiten und ihre Schönheit zurückbringen, um eine darbende, blinde Welt zu trösten. Wir wollen die wenig gefragten geistigen Sinne entwickeln, wenn wir ruhig und entspannt in der Betrachtung und im Gebet verharren. Wenn wir in unseren Gruppen tief bewegt waren und Gott lobten, spürten wir einen

Hauch von Fliederduft den Raum durchziehen, den Duft von Lilien oder den starken Duft von Nelken. Einige Male empfanden wir in den atemlosen Augenblicken gemeinsamer Anbetung den Geruch köstlichen Weihrauchs, der von einem Altarfeuer aufzusteigen schien.

Wir wollen unseren Geruchssinn in die Atmosphäre des reinen Geistes ausdehnen, bis die Membranen von Nase und Kehle freudig erfüllt sind und wir das Gefühl haben, daß wir in tiefen Zügen Ozon einatmen bis die letzten Winkel unseres Hauptes und auch die Zellen der Lungen damit erfüllt sind.

Die Psycho-Somatiker sagen, daß eine der häufigsten Ursachen des Blutandrangs zum Kopf und den Knochen zu große Ich-Bezogenheit sei. Wenn sich unsere Liebe und unser Interesse nicht in Gebet und Dienen an anderes Leben hingibt, neigen wir dazu, uns zu sehr mit uns selbst zu beschäftigen; und unser Körper wird vom pulsierenden Leben abgeschlossen. Wenn wir in den nichtigen Angelegenheiten unseres Selbst aufgehen, schenken wir dem Körper zuviel Aufmerksamkeit, und der Atem des Lebens könnte erstickt werden.

Wenn wir andererseits schöne Musik oder schöne Dichtung hören, wenn wir große Gedanken hegen oder uns im Gebet für andere einsetzen, werden wir gefühlsmäßig emporgehoben. Wir bemerken, wie sich die Nasenflügel weiten und alles im Kopf sich öffnet, wenn wir den belebenden Odem Gottes einatmen. Sobald wir die Konzentration auf uns selbst aufgeben, überwinden wir die Neigung zu Blutandrang und Kreislaufstörungen und erweitern unseren Geruchsinn in den Atem des Allmächtigen hinein.

Mit Stillesein, Sehen, Hören, Schmecken werden wir die Gaben Gottes kosten. Dieses Kosten wird uns anregen wie Wein und unser ganzes Sein durchglühen, bis es in unseren Finger- und Zehenspitzen kribbelt. Es wird in unsere letzten Nervenbahnen dringen, bis wir uns in jedem Teil unseres Körpers belebt fühlen. In diesem Erwecktsein wird jede schlummernde Zelle den Morgen neuen

Lebens fühlen. Das ist die Froh-Botschaft. Das ist das Evangelium, die Erlösungsformel, die den bösen Zauberspruch überwindet, der uns gefesselt und niedergedrückt hielt.

Jetzt sind wir befreit, erlöst in der Liebe Jesu Christi. Von nun an wollen wir jeden Tag unseres Lebens einen Menschen aufsuchen und ihm unsere wiedergeschenkten Sinne anbieten, unser Sehen, Hören, Schmecken und Fühlen. Seine Probleme wollen wir sehen, seine Gebete hören, seine Freuden und Sorgen fühlen, sein Herz anrühren. Dann wird der herrliche Duft Gottes uns erfüllen und unsere Organe werden den Atem des Lebens kennenlernen.

Möge unser Geschmacksinn so empfindsam werden, daß alles Reden, das nicht von Gott kommt, uns zuwider ist und einen schlechten Geschmack in unserem Munde hinterläßt. Wir wollen beständig versuchen, unsere Worte schlicht zu halten, daß wir mit einem besseren Geschmackssinn gesegnet werden können. Unsere Körperzellen registrieren sofort den Unterschied, ob die Nahrung in Eile und Aufregung verschlungen wird, oder ob die Nahrungsaufnahme ein Teil einer Kunst des Lebens wird und wir den Geschmack und die Nahrung veredeln. Nur dann kann sie den Körper richtig aufbauen.
Wer Gott für die Nahrung dankt, segnet sich selbst. Wir danken Gott für seine Gaben, ehe wir essen. Dankbarkeit macht uns weit. Wenn wir Worte wahrer Dankbarkeit sprechen oder hören, bereiten wir unseren Körper für die Nahrungsaufnahme vor. Jede Zelle antwortet der erhebenden Macht der Dankbarkeit. Diese Ausweitung löst Spannungen und regt die funktionelle Wirksamkeit an. So kann der Körper besser verdauen und mehr von der ihm gegebenen Nahrung verarbeiten.

Aber der Buchstabe des Gesetzes genügt nicht. Ein paar höfliche Worte des Dankes zu murmeln zwischen kritischen Bemerkungen über einen anderen Menschen oder zwischen leidenschaftlichen Auseinandersetzungen über nationales oder persönliches Unrecht heißt dem Körper die Segnungen entziehen, die er genießt, wenn die Mahlzeit in einer

Gesinnung der Würdigung und Wertschätzung eingenommen wird. „Iß, trink und sei fröhlich" ist ein gutes Rezept und eine vernünftige Religion. Negative Bemerkungen und Empfindungen sind nirgends angebracht, am wenigsten bei Tisch, wenn wir gute Verdauung und genügende Verarbeitung von Speisen wünschen. Jesus sagt uns wie den damaligen Menschen: „Ich werde zu euch kommen und das Abendmahl mit euch halten." Wir wollen Ihn eintreten und die Nahrung für uns wählen lassen. Wir wollen jede Ängstlichkeit darüber aufgeben, was wir essen dürfen, oder wie es wohl verdaut wird. Freut euch am Aussehen, dem Duft und dem Geschmack der Speise und vertraut seiner Liebe in den Zellen eures Körpers, daß sie das ihrige tut.

Hilf uns unseren Geschmackssinn erweitern, daß die Nahrung ein Teil des geistigen Manna werde, das vom Himmel fällt, ein Kanal, ein Symbol der göttlichen Substanz. Laß sie zum Brennpunkt göttlicher Substanz werden. Dann ist sie nicht nur Nahrung für den Leib, sondern auch für den Geist.

Wenn sich unser Geschmack erweitert, werden wir ihn auch auf anderen Gebieten des Lebens wirken sehen. Der Geschmack in den Farben im Raum, in jeder Art der Einteilung wird zur vollkommenen Harmonie hinstreben. Guter Geschmack hat sich in uns durchgesetzt.

Der erste Akt der Liebe ist eine Geste, ein Ausstrecken, ein Berühren des Lebens anderer Menschen, indem wir die Liebe Gottes durch uns hindurch zu ihnen hinströmen lassen, zu ihrer Befreiung und Heilung. Der zweite Akt der Liebe ist es, das Bewußtsein zu heben. Der Dritte, oder der zwischen ihnen liegende ist, uns in allem Vollkommenheit sehen zu lassen. Wie wir uns von Gottes Liebe in seine Vollkommenheit hineingehoben fühlen, weiten wir dieses Gefühl auf andere aus und heben sie ebenfalls in diese Vollkommenheit hinein. Der vierte Akt ist die volle geistige Erkenntnis des abgeschlossenen Geschehens.

Um dies dauernd zu können, brauchen wir all unsere Empfindsamkeit, aber diese muß über die nichtige Empfindlichkeit des niederen Selbst gehoben werden. Die kleinen

Verletzungen des Lebens machen uns die größte Schwierigkeit. Die geheim brennenden Verletzungen, die unterdrückt und ins Unterbewußtsein verdrängt werden, sind die Quelle vieler körperlichen Beschwerden und Krankheiten, die uns plagen.

Eine ungeheure Erleichterung ist notwendig, ehe die alten Narben und Wunden ins Bewußtsein heraufgehoben und als das angesehen werden können, was sie sind. Unbewußt wenden wir uns von Verletzungen ab, und deshalb ist es schwer, sie wieder aufbrechen zu lassen. Aber manchmal müssen wir sie ins Bewußtsein rufen und sie ins Auge fassen. Wenn wir um Befreiung beten, wollen wir sagen: „Meister, zeige uns jeden Tag, jede Stunde, was in uns begraben liegt und was wir zu erkennen fürchten. Nimm Du uns bei der Hand und zeige uns wie in einem Spiegel, was wir sehen sollen. Wenn wir bei Dir sind, werden wir uns nicht fürchten."

Wenn wir sie dann sehen und als das erkennen, was sie sind, wird das Christus-Wesen sie zurückweisen. Sie verschwinden und beunruhigen uns nicht mehr.

Alsdann müssen wir lernen, was alle Jünger lernen müssen: daß uns niemand durch ein Vergehen oder eine Unterlassung verletzen kann, es sei denn, wir lassen uns davon verletzen. Unsere empfindlichen Gefühle, die so leicht und oft verletzt werden, kommen von unserem Stolz oder unserem Selbstmitleid. Das Christus-Wesen überträgt die gleiche Empfindlichkeit erhebend und erweiternd in die höheren Gebiete des Geistes und verbindet sie mit der herrlichen und gütigen Stimmung des Lobens und Dankens. Dann sehen wir wie Walt Whitman „überall Wunder". Er kannte nur Wunder. Jede Stunde des Lichts und der Dunkelheit war für ihn ein Wunder.

O sag uns Dichter, was tust Du?
Ich preise!
Doch diese dunklen, gefährlichen, verwüsteten Wege
Wie erträgst, wie duldest Du sie?
Ich preise!

Und dann den Namenlosen, jenseits aller Ahnung, allen Staunens und Vermutens, wie kannst Du Ihn rufen, Ihn beschwören?
Ich preise!
Und woher dein Recht, in jeder Art Verwirrung, in jeder Maske treu zu bleiben?
Ich preise!
Und daß dich die wildesten und mildesten Weisen kennen wie Stern und Sturm?
Weil ich preise!

„Späte Gedichte" von Rainer Maria Rilke

Betrachtung

Lieber Herr und Meister, wir möchten von unserem Selbst befreit werden, damit wir erfüllt werden können. Wir möchten vom Selbst befreit werden, so daß Dein Geist kommen und in und mit uns leben kann, damit Du mit uns gehen und das Abendmahl mit uns halten kannst. Hilf uns, alle Ängste unseres Selbstes zu vergessen. Hilf uns, unser Leben mit einer fröhlichen Sorglosigkeit wegzugeben.

Hilf uns, uns selbst zu vergessen, damit wir anderen Menschen helfen können. Wir möchten ihnen Linderung, Frieden, Vertrauen und Sicherheit geben. Wir möchten ihnen die Last erleichtern. Wir möchten uns gebrauchen lassen. Herr, wir möchten fühlen, daß wir Dir nützlich sind beim Bau Deines Reiches.

Das ist alles, was wir wünschen, alles, was wir erbitten. Wir möchten Erfüllung und Vollkommenheit erfahren, was nur möglich ist, wenn wir unser Leben dahingeben. Wir möchten in Deinen Augen etwas gelten und möchten, daß Du uns sagst, Du seist mit uns zufrieden. Wir möchten das geistige Manna schmecken und damit durch ein besseres Brot ernährt werden, als die Welt es bieten kann.

Es ist ein nagender Hunger in uns, eine tiefe Leere. Fülle uns! Tief innen in unseren Herzen möchten wir geliebt werden und lieben. Tief in unseren Herzen möchten wir, daß wir gebraucht werden. Wir wollen zu Gott heimkommen. Wir möchten in unseres Vaters Haus sein. Wir möchten bei unseren geistigen Brüdern und Schwestern sein. Wir möchten alle Menschen in die Familie Deiner Liebe hineinbringen.

Das ist das tiefste Verlangen der menschlichen Seele. Warum sollen wir es also nicht stillen? Warum nicht anerkennen? Warum wenden wir unser Antlitz nicht aufwärts, strecken unsere Arme und Hände aus und nehmen das an, was mehr ist als alles in der Welt, das Christus-Wesen, die kostbare Perle, für die wir alles, was wir haben, hingeben würden?

Das ist es, was wir möchten, Meister. Oh, wir kennen jetzt die Freude, mit der Du es gibst. Hilf uns, an dem Festmahl teilzunehmen, das Du uns bereitet hast. Wir brauchen die Einübung. Wir brauchen die Disziplin. Wir brauchen Führung und Liebe, wir brauchen einander, wir brauchen Dich! Ja, das ist es, was wir wünschen. Darum kommen wir zu Dir im Gebet. Und das ist, so Du willst, was wir finden werden, wenn wir vorwärtsgehen. Wir danken Dir, daß es so sein kann. Dank sei Dir, Jesus! Dank Dir, Vater!

Gebet um ein heiteres Gemüt

O Kinder des lebendigen Gottes, was haben wir mit Klagen zu schaffen? Wir wollen das Licht der göttlichen Freude in uns hineinkommen und alle Schwermut des Geistes durch das Wunder unserer Einheit mit Ihm hinwegnehmen lassen.

Wir möchten, daß das klare, Leben spendende Wasser Gottes in uns zu sprudeln beginnt, uns erhebe und reinige. Wir möchten mit Gottes Fröhlichkeit erfüllt werden, damit wir nicht so ernst sind. Wir möchten einen leichten Hauch von Jesu Heiterkeit, damit unsere Herzen nicht schwermütig sind. Wir brauchen diesen leichten Hauch.

Denkt an all das Lichte in der Welt! Denkt an den Flug der Vögel, an die Zartheit des Distelflaums, die weiche Lieblichkeit der Blütenblätter, wenn sie ins Gras fallen. Warum sind wir so stark mit uns selbst beschäftigt? Warum schauen wir nicht nach außen, warum öffnen wir uns nicht und fühlen die Freude, die im Leben liegt? Warum nehmen wir uns selbst so ernst?

Probleme, die uns schwer erscheinen, sind überhaupt nicht schwer. Sie scheinen nur schwer zu sein. Lasten und Sorgen, die untragbar scheinen, sind nur dadurch untragbar, weil wir ihnen zu viel Aufmerksamkeit schenken. Warum ändern wir nicht unsere Blickrichtung und vertiefen uns in die Schönheit um uns herum, so daß die häßlichen Dinge kleiner werden und verschwinden?

Eine der großen Verheißungen, die der Meister uns gegeben hat, ist diese, daß Er uns die schweren Lasten abnehmen und für uns tragen will. Wirf sie in seine Arme. Gib IHM eine jede, jetzt gleich. Sie werden IHM weder schwer werden, noch IHN niederdrücken; denn ER wird sie gar nicht tragen. ER weiß, was ER mit ihnen tun muß; ER tut mit ihnen, was ER uns zu tun heißt, nur gehorchen wir nicht. ER nimmt sie und gibt sie Gott — ganze Arme voll. Wenn wir nicht wissen, wie wir das machen sollen oder wenn wir denken, wir könnten es nicht, dann wollen wir sie einfach Jesus geben, und ER wird es für uns tun.

Laßt diese Lasten fahren. Werft sie von euren Schultern. Dann können sich unsere Seelen aufrichten und wie ein Vogel im Flug erheben, frei und lichtvoll, strahlend, herrlich, lebendig.

Es ist so einfach, etwas zu lassen und doch so schwer getan. Hilf uns, Meister. Hebe uns aus uns heraus. Nimm uns die Ketten ab, die uns fesseln und niederhalten. Entferne die Schleier von unseren Augen, die uns die Sicht für Deine rettende Gegenwart rauben. Verschließe unsere Ohren für die Stimmen der Welt, die uns entmutigen und niederdrücken. Halte uns davor zurück, etwas Negatives zu sagen und uns selbst zu bemitleiden. Bring uns zum Bewußtsein, daß uns himmlische Scharen umgeben. Wenn alle Mächte des Guten — wenn Gott — auf unserer Seite sind, wer mag wider uns sein? Dank sei Dir, Jesus. Amen.

Gebet um Erfüllung

O Gott, unser geistiger Vater, komm uns ganz nahe. Wir öffnen unsere Herzen weit, Dich zu empfangen. Wir kommen mit kindhaftem Staunen und Wundern, daß es uns möglich ist, Deine Größe und Majestät zu begreifen, die Allmacht Deiner Stärke und die allumfassende Güte Deiner Liebe. Wir kommen, verwundert, daß wir sterbliche Wesen fähig sind, das Unendliche und Unerschöpfliche zu erkennen.

In solchen Augenblicken können wir uns in diese ewige Liebe erheben, in der alle Dinge sind und waren und immer sein werden; wo die Zeit ihren Atem anzuhalten scheint und wir die Fülle der Ewigkeit spüren. Doch neben all dieser Weite, diesem unausmeßbaren Kreis fühlen wir Dich nahe, so nahe wie Mutterarme, die sich um uns legen, die uns hochheben, uns das eigentliche Leben des Universums einhauchen. Wir fühlen uns nicht nur Dir gegenübergestellt durch irgendeine Zaubermacht, die uns hoch und ganz in Deine Nähe stellt, sondern als ein lebendiger, atmender Teil Deiner Unendlichkeit. Hilf uns, das zu erkennen. Was immer wir uns unter dieser Unendlichkeit vorstellen können, ist in uns.

Das Kind am Meeresstrand geht mit seinem kleinen Becher, ein wenig Wasser aus dem Ozean zu schöpfen. Es kann nur so viel Wasser holen, wie in den Becher hineingeht. Und doch sind alle Bestandteile des Meeres darin enthalten. Wir können nur das empfangen, was wir aufnehmen können; aber alles, was in Gott ist, ist, wenn nicht tatsächlich, so doch anlagemäßig in uns.

Wenn wir an Gnade wachsen, wird unser Becher größer, und wir erheben unser Bewußtsein durch eine tägliche Zunahme der Erkenntnis, was wir sind, woher wir kommen, wozu wir hier sind und was wir noch zu tun haben. Das Leben beginnt Bedeutung und Farbe zu bekommen, wird leuchtend und klar in seinen Umrissen. Die Luft wirkt wie Sekt, das Leben kreist in jeder Zelle unseres Körpers, bringt vollkommene Harmonie, vollkommene Gesundheit, erneuerte Kraft, kostbare Vitalität. Langes Leben und längere Tage sind unser, weil wir eins sind mit Dir und Deinem großen Leben, das überall quillt, das Universum erfüllt.

Oh, daß Du Dich unser annimmst! Daß wir das Vorrecht haben, Dich zu kennen und Dich zu lieben — das ist das Wunder. Erhalte uns in diesem Wunder! Hebe uns hinauf zu dem Höchsten, dem Besten, dem Edelsten und Zartesten, das auszudenken wir fähig sind. Wir möchten, daß Du alles, was wir fassen können, in uns hineingießest, damit wir das wieder zum Ausdruck bringen können, was wir von Dir wissen. Dank sei Dir, Vater! Amen.

Gebet um Erleuchtung

O lieber Meister, laß den Heiligen Geist auf uns herabkommen, so daß uns im blendenden Licht der Offenbarung alles deutlich wird. In einem Augenblick können wir uns dann selbst schauen, wie wir uns nie zuvor gesehen haben.

Wir möchten erkennen, was wir getan und gedacht haben und was unseren Fortschritt verhindert hat. Ob es wie die Morgendämmerung allmählich kommt oder in einem lichten Augenblick, wie Paulus es auf dem Wege nach Damaskus erlebte, gleichviel — wir möchten, daß das seelenergründende Licht auf uns gerichtet werde, damit wir erkennen, was wir bisher nicht erkannt haben oder nicht sehen wollten. Wir bitten um die große Erleuchtung, die Erleuchtung, die in uns vollenden wird, was sonst vielleicht Jahre des Lebens, des Suchens und der Übung brauchen würde.

Uns verlangt nach der Ausgießung des Heiligen Geistes — des Geistes der Wahrheit — damit er alles hinwegnehme, was oberflächlich in uns ist, und uns das Verborgene unseres unterbewußten Selbst offenbart, indem Er sein Licht in alle verborgenen Ecken scheinen läßt. Wir möchten aus unserer Lethargie, aus unserer Gleichgültigkeit, unserer Niedergeschlagenheit und unserem törichten Minderwertigkeitsgefühl herausgehoben werden. Wir möchten gerne, daß sich das Schuldgefühl, das wir schon viel zu lange in uns herumtragen, wie der Nebel ins Nichts auflöst.

Wir wissen, daß wir unsere Blindheit selbst verursachen, unsere Augen selbst verschließen, unseren eigenen Schleier vorhängen, die uns von Dir trennen. O Vater, wir möchten zu Dir heimkommen, zu dem wir gehören. Wir sind es müde, die Treber mit den Schweinen zu essen. Wir möchten in das Licht Deiner Gegenwart kommen, in der alles klar ist und in der das Leben eine glückliche und strahlende Erfahrung wird.

Wir möchten unser Antlitz aufheben und sagen: „Hier bin ich, Herr, hier bin ich; sende mich!" Wir möchten erkennen, daß Du uns senden und jeden Schritt des Weges mit uns gehen wirst, auch durch das Dunkel, wenn wir an Deiner Hand durch das Dunkel gehen. Wir sind jetzt bereit, Meister, wir sind bereit und willig zu empfangen. Salbe uns mit Deinem Geist, und laß die heilige Liebe Deines und unseres Vaters auf uns herniederkommen und uns erfüllen. Dank sei Dir, Vater. Dank sei Dir, Jesus; Amen.

Gebet um Harmonie

„Und ich hörte eine Stimme vom Himmel wie Harfen, und sie sangen ein neues Lied vor dem Thron"

(Offenb. XIV, 2 - 3)

Wir sind Instrumente des Herrn. Wenn wir fein gestimmt sind, berührt der Meister die Saiten unseres Seins und bringt Musik und Harmonie in unser und in das Leben der Menschen, für die wir beten. Wo vollkommene Harmonie ist, ist vollkommene Ordnung. Wo Ordnung ist, kann es keine Verwirrung und Unsicherheit geben.

Alle Zellen unseres Körpers reagieren auf diese Ordnung und Harmonie. Sie wissen wie die Kinder und unsere Haustiere, daß,wenn sie uns leise und zufrieden singen hören, alles in Ordnung ist. Sie fühlen sich sicher und geborgen. Sie hören uns pfeifen und summen und wissen, wir sind glücklich. Deshalb fürchten sie sich nicht.

Die Geisteskranken scheinen beständig eine abgeschwächte Septime zu hören, statt harmonische Töne. Wenn wir zu lange Mollakkorde oder abgeschwächte Septimen hören, möchten wir sie gerne in die vollen, reichen Dur-Akkorde auflösen. Das geschieht, wenn Gottes Liebe den Sinn eines Verwirrten berührt. Vollkommene Harmonie wird hergestellt. Dieselben Töne, die zuvor schrill und mißtönend klangen, sind jetzt süße, sanfte Musik. Wir entspannen uns in dem Augenblick, in dem die großen Harmonien erklingen.

Laß Deine Symphonie von Liebe und Leben in uns erklingen, o Gott! Erfülle unser ganzes Leben mit der Musik Deiner vollkommenen Liebe, bis wir den neuen Gesang in jenem himmlischen Chor singen, das Lied des Weinbergs, das Lied der glücklichen Arbeiter. Laß es uns nicht nur in unserem Innern singen, sondern ganz offen, bis die Menschen wissen, was es heißt, alle Furcht voreinander und vor Dir abzulegen.

O lieber Vater! Warum erkennen die Menschen nicht, daß sie einander unnötig verletzen? Alle Menschen wissen von Dir in der Tiefe ihres Herzens; denn Deine Wahrheit ist in jedem, wie auch ein Funke von Dir in jedem ist. Wie können wir diesen inneren Funken zur Flamme entfachen, damit sie alle Lethargie, alle Schlaffheit, alle Eigensucht verzehre, die uns eher den Willen zum Sterben, als den Willen zum Leben zu geben scheinen? Hilf uns, Vater, wir bitten dich! Amen.

Gebet um Zurechtweisung

> „Der Geist des Herrn ist auf mir, weil er mich gesalbt hat, den Armen die Frohe Botschaft zu verkündigen. Er hat mich gesandt, den Gefangenen zu verkündigen, daß sie frei sein, den Blinden, daß sie sehen, und den Zerschlagenen, daß sie frei und ledig sein sollen."
>
> (Luk, IV, 18)

O Meister, heute bitten wir, daß Du uns frei machst. Öffne unsere Augen! Führe uns hinaus aus dem Gefängnis unseres Unglaubens! Befreie uns von unserer Vergangenheit! Wandle die Asche unseres Lebens in Schönheit! Laß an uns den Glanz Deiner Liebe sehen, laß Deine Freude in uns scheinen! Greife in unser Leben hinein und lenke den negativen Strom unseres Denkens zum Positiven hin in allem, was wir denken und tun. Lehre uns und laß uns klar erkennen, daß wir Gotteskraft gebrauchen, daß wir sie falsch gebrauchen. Laß uns klar erkennen, daß wir im Augenblick die gleiche Menge Energie vergeuden, die uns so nah zum Reiche Gottes bringen könnte, wenn wir sie nur positiv anwenden würden.

Reiß uns heraus aus unserer Trägheit und Schwachheit. Belaß uns nicht in jener schwächlichen Haltung, die sich unter die Verhältnisse beugt, die Dinge resigniert hinnimmt, statt von ihnen zu lernen oder sie zu ändern. Ermutige uns, Meister; weise uns zurecht, wie Du die Geldwechsler aus dem Tempel hinausgewiesen, hinausgetrieben hast. Halte uns den Spiegel der Wahrheit vor, wie Du ihn den Pharisäern vorgehalten hast, damit wir unser heuchlerisches Wesen erkennen, wenn wir Dich mit den Lippen verehren, aber in unserem Herzen weit von Dir entfernt sind. Zeige uns das Innere des Bechers, der außen die Zeichen unseres Lippendienstes und unserer eitlen Anbetung aufweist, wenn wir nicht bereit sind, Dir zu folgen, wohin Du uns führst.

Wenn wir uns müßig treiben lassen von den Klängen „Ich kann nicht, ich weiß nicht, wie ich es machen soll. Ich bin verwirrt, ich bin verloren", führe uns in den Strom Deiner Liebe, der uns drängen und zum Ziele geleiten wird, das Du uns gestellt hast, wo wir sagen können „durch die Macht des Herrn vermag ich es", „durch seine Gnade kann ich es". Was immer es sei, Meister, will ich tun. Wohin Du mich gehen heißt, Meister, wage ich zu gehen." Tadle uns durch unser Gewissen für die Verwegenheit, uns Deine Nachfolger zu nennen und trotzdem fortzufahren in solch einer trägen und fruchtlosen Gesinnung zu leben.

Wir kommen, um unsere Fehler zu bekennen. Wir sind wie ungezogene Kinder, die plötzlich zerknirscht und reuevoll um Verzeihung und Liebe bitten. Wir lieben Dich, Meister, und wir lieben einander. Hilf uns, es zu zeigen. Wir wissen, wir sind eins mit unserem Vater, wie Du mit ihm eins warst. Hilf uns, es zu beweisen.

Habe Geduld mit uns, doch nicht zuviel!

Dank sei Dir, Jesus. Dank sei Dir.

Sei glücklich!

Das Leben ist nicht etwas Schweres, das man ertragen muß. Es ist keine Prüfung. Es ist ein Abenteuer, ein herrliches Abenteuer. Verbiete dir, es zu ernst zu nehmen. Laß dich nicht von seinen negativen Seiten niederzwingen. Weigere dich, eine andere Macht anzubeten. Es gibt nur einen Gott — ein Gutes — ewige, immerwährende Güte. Sieh das Böse, ja, aber laß dich nicht von ihm überwältigen! Zerreiße den Schleier, den die Welt gerne über die Macht des Guten legen möchte. Bedaure Gott nicht, als könnte Er sich nicht um sein Eigentum kümmern!

Habe Geduld! Denke daran, daß das Häßliche nur unvollkommen ist. Erkenne, daß die Menschen andere nur verletzen, weil sie selbst zuerst verletzt worden sind. Es ist eine unreife, kindhafte Reaktion. Sie werden erwachsen werden, aber erst müssen sie viel Liebe empfangen; denn sie haben ihren Glauben an die Liebe verloren.

Deshalb müssen wir lernen, wie Jesus Christus zu leben. Deshalb sollen wir die andere Wange hinhalten, die zweite Meile gehen, das letzte Kleid hergeben. Fahre fort, die Menschen zu lieben und sehe sie mit Heiligem Geist erfüllt! Laß dein Licht leuchten und geh deinen Weg, jederzeit bereit, die Hand auszustrecken! Aber laß dich nicht hinunterziehen, wo sie sind, sonst wirst du mit ihnen in die Falle gehen. Die Welt wird dir dunkel und häßlich erscheinen und ihr werdet Gottes Licht und sein Leuchten verlieren.

Sei fröhlich, sei glücklich, freue dich! Ihr könnt in die Hölle hinunterfahren und dort doch Gott finden. Wenn du einen jungen Menschen sagen hörst „zum Teufel", dann flucht er nicht. Er zeigt damit nur seine innere Armut und die Leere seines äußeren Lebens. Liebt ihn trotzdem! Zeigt ihm weiterhin, daß es einen Ort gibt, wo er glücklich und zufrieden sein kann. Und eines Tages wird er erwachen, vielleicht erst, wenn ihr nicht mehr unter den Lebenden seid. Er wird euer Antlitz und euer Lächeln sehen und sich das wünschen, was ihr habt. Dann wird er solange suchen, bis er es findet.

Sei frohen Mutes! Unser Meister will nicht, daß du traurig bist oder mit grämlichem Gesicht herumläuft. Er möchte, daß du froh und heiter bist in dem Wissen, daß Gott im Himmel ist und in seiner Welt alles richtig ist.

Dank sei Dir, Jesus!

Bergan

Laß in dieser Zeit erhebender Betrachtung alles Wissen um deinen Körper und alles Analysieren des Verstandes hinter dir. Wir wollen fühlen, daß wir für eine Weile aus der Welt herausgehoben sind, weg von ihren Problemen und ihrer Unruhe. Wir wollen uns durch Jesus mit der aufrichtenden Kraft der Liebe des Vaters verbinden und erfüllen lassen.

Wir sind an einem hohen Ort. Wir sind jetzt da, wohin Jesus so gerne ging, wenn Er allein die Höhen aufsuchte, wo Er beten konnte. Diese Höhen stehen für das gehobene Bewußtsein, in dem wir die Gegenwart Gottes und Jesu Christi erkennen.

In diesem gehobenen Bewußtsein spüren wir etwas von der Wirklichkeit, die hinter den Sinnen liegt, eine Wirklichkeit, die wir mit unserem begrenzten Geist kaum erfassen können, es sei denn, er wäre von dem größeren Geist angerührt worden.

Von diesem Ort der höheren Sicht aus sehen wir, daß alles in harmonischer Ordnung ist. Die lauten, schrillen Töne, die wir in der Welt hören, vergehen und wandeln sich in die majestätischen Klänge, die die Sterne in ihrem Lauf singen.

Wenn wir die Sphärenmusik hören, gehen wir in ihrer majestätischen Harmonie auf. Wir fühlen das Schwingen, den Rhythmus des Lebens. Wir geben uns diesem Rhythmus hin, und während er von uns zart und ruhig Besitz ergreift, nimmt ihn auch jede Zelle unseres Körpers auf und schwingt mit. Der Kreislauf wird ausgeglichen, ruhig, regelmäßig. Das Herz singt voll Freude und Jubel. Den Zellen tut dieser Rhythmus gut, weil er sie befreit. In dieser kurzen Zeitspanne werden sie durch negative Gefühle und Gedanken nicht gehemmt und niedergehalten, sondern sind gelöst und befreit zum Atmen. Fühlt, wie sie sich strecken und kraftvoll werden, das Leben in tiefen Zügen einatmen! Sie sind wie die spielenden Kinder, die singen und sich miteinander in Rhythmus u. Harmonie bewegen, eingesponnen von einer Kraft, die größer ist als sie. Auf diese Weise werden sie mit Kraft und neuem Leben erfüllt.

An diesen Höhenorten atmen wir eine andere Luft ein. Wir rühren tatsächlich an das göttliche Ozon und atmen, atmen, atmen, als wären wir zum Waldrand gegangen und atmeten den frischen und harzigen Duft des Tannenwaldes. Das ist heilender Atem. Unser Herz schlägt in vollkommenem Rhythmus mit dem Herzschlag des Weltalls um uns herum. Es ist, als hörten wir schöne Musik, nähmen exotische Düfte wahr, fühlten feine Gewebe und sänken in luxuriöse Betten. Wir ruhen in Gottes Liebe. Unsere geistige Antenne scheint in weite, unbekannte Höhen hineinzuragen, auf denen wir einen Schimmer von den Dingen, wie sie wirklich sind, erhaschen und dann rufen können: „Das ist der Himmel!" Wir möchten nicht wieder aus ihm fortgehen. Alles in uns möchte in ihm bleiben. Aber wir wissen, daß wir zurückkehren müssen, um anderen Menschen etwas von diesem Himmel zu bringen, die keine Ahnung von seiner Existenz haben.

Aber für Stunden, ja Tage, leuchtet der Glanz des Erlebten in unseren Augen und liegt auf unseren Lippen. Unser Gesicht sieht aus, als wäre es von einem göttlichen Kosmetiker behandelt worden. Alles an uns leuchtet in göttlichem Glanz. Wir kommen wie Jesus vom Berge herab, umgeben von Licht, durchdrungen von Licht. Und in diesem Licht reagiert alles, was wir anrühren, auf seine Harmonie, auf seine Liebe, auf seinen Frieden.

Wir sind mit Dir auf dem Berg gewesen, Herr. Wir wollen die Wanderung oft wiederholen. Nimm uns ein andermal wieder mit. Dank sei Dir, Jesus!

Heile unsere Welt

„Dein Reich komme, Dein Wille geschehe auf Erden wie im Himmel". Was für eine unsinnige Bitte scheint dies den irdisch Gesinnten! Wie unsinnig, zu erwarten, daß sie von irgend einem von uns ausgesprochen wird, bevor wir erkennen, daß es Dein Wille ist, der auf die Erde gebracht werden muß. Nicht der kleine menschliche Wille, nicht unser Eigenwille, sondern der göttliche Wille, nicht Gier und Selbstsucht, nicht Groll und Bitterkeit, nicht Häßlichkeit und Haß, nicht das Unvollkommene und Halbe, sondern das Vollkommene und Ganze, das in diesem Leben und in diesem Fleisch auf die Erde kommen soll.

In diesem Fleisch müssen wir Gott sehen. Wir müssen alles in unserem Körper emporheben, bis es ein Teil des vollkommenen Ganzen ist. Wir müssen den Appetit heben, bis er in seiner Art gesund ist und seine Funktion unter vollkommener Beherrschung ausübt in seinem Gehorsam für das Gute des Ganzen. Wenn wir Gott in diesem Fleisch sehen, soll dieses Fleisch verwandelt und wieder vollkommen werden.

Der Körper wird sich zu dem entwickeln, was wir für ihn vorgesehen haben, „Das Land, das du siehst, ist das Land, das Ich dir zum Erbe geben will." Was immer wir für möglich halten, wird uns gegeben werden. Dies gilt sowohl für unseren Körper, für unsere Gesundheit und für den Zustand der Welt.

Die vollkommene Welt, die vollkommene Gesellschaft — vollkommen in dem Sinne, daß sie durch das Gesetz der Liebe und des Verstehens regiert werden — können nur kommen, wenn wir glauben, daß es für den Menschen möglich ist, im Zusammenarbeiten, in gegenseitiger Hilfsbereitschaft und Bruderschaft leben zu können. Obwohl es viel zu tragen gibt, lernen wir, es zu tragen, als Nationen wie als einzelne Menschen in unserem häuslichen Leben, indem wir uns um die Schwachen und Unentwickelten, um die Ungereiften und Unbeherrschten kümmern, sie hüten und leiten, bis sie selbständig sind.

Wir fühlen, daß Jesus über der Welt von heute lagert wie nie zuvor. Sein Geist kommt uns zuweilen so nahe, daß wir nicht überrascht sind, sein Antlitz hier und da über der Erde in den Wolken zu schauen, wo Ihn die Welt auch sehen könnte.

Er weiß, daß wenn wir gläubig beten und alle Kritik und alles Verdammen aus unseren Herzen fernhalten, eine Handvoll Andächtiger die Mächte der Zerstörung von der negativen Richtung zur positiven wenden können. Wir wissen, alle diese Mächte sind von Gott, aber sie erscheinen uns böse, weil sie unvollständig sind. Die Vollständigkeit von Gottes Liebe wird sie ganz machen. Der Teufel ist ein Kind Gottes. Die Engel, die vom Himmel fielen, waren Engel. Die engelhaften Eigenschaften sind noch in ihnen und warten darauf, geweckt zu werden.

O Vater, wenn es möglich ist, dann nimm diejenigen, die Du gebrauchen kannst, und sende sie aus mit einer Botschaft, die die Menschen bewegt und neu belebt, daß wir Dir helfen können, unsere Welt zu heilen. Dank sei Dir, Vater!

Das schöpferische Bewußtsein

Wenn wir genügend biegsam und formbar sein können, indem wir vollständig in dem höheren Bewußtsein aufgehen, strömen mächtige Wogen schöpferischer Kraft durch uns und bringen in uns die ursprünglichen und lieblichen Dinge hervor, die wir hervorbringen sollen. Sie ruhen nur schlafend in uns wie Samenkörner, die auf den sanften, schmeichelnden Regen warten und auf die liebende Wärme der Sonne, die sie zu sichtbarem Leben erwecken sollen.

Diese unbenützten Gaben und Talente schlummern deshalb in uns, weil der Lebensstrom uns nicht kräftig genug durchströmen kann, um sie zu wecken. Der schöpferische Strom des Lebens ist abgeriegelt, weil wir in Selbstsucht befangen oder eigensinnig sind. Oft, wenn wir glauben, wir müßten etwas aufgeben, was wir sehr schätzen, lassen wir es nicht völlig. Aber, liebe Kinder Gottes, was wir aufgeben, ist so gering im Vergleich zu dem, was wir erhalten, daß wir töricht wären, uns der göttlichen Macht zu entziehen.

In Wirklichkeit geben wir gar nichts auf, nur unseren eigenwilligen Wunsch, unser Handeln nach der von uns gewählten Art und Zeit einzurichten.

Wir lernen einen höheren Willen anzuerkennen, wenn wir sagen: „Ich will tun, was Du mich heißest. Ich weiß, daß ich alles haben werde, daß mir nichts verweigert werden wird; kein Vergnügen, keine Freude, nichts von dem, was ich brauche, wenn ich willig bin, Deinen Willen zu tun, wenn Du es von mir willst. Wenn mich eine schwere Aufgabe erwartet, will ich sie mit singender Fröhlichkeit annehmen, weil ich weiß, ich tue sie für Dich. Ich weiß auch, wenn die Aufgabe vollbracht ist, wirst Du mir nicht nur das geben, was ich statt dessen tun wollte, sondern in vermehrter, verdichteter, überfließender Form.

Durch diese Disziplin beseitigen wir die Dinge, die die herrliche Geburt eines schöpferischen Lebens in uns blokkieren, durch das die schon ursprünglich schönen Dinge und neue Möglichkeiten, Ideale zum Vorschein kommen. Wie stark verneinen wir uns und die Welt, wenn wir uns an die Vergangenheit mit ihren alten Wunden, Mißerfolgen und Enttäuschungen klammern, die die göttlichen Anlagen in uns zerstören.

Wenn wir es nur wüßten! Wenn wir es nur im Glauben annehmen könnten! Wenn wir nur einen Schimmer von der Herrlichkeit sehen könnten, die unser wartet, nicht in einer anderen Welt, jenseits der Pforten des Todes, sondern hier im Fleisch. Die Freuden, die Schönheit, die Wunder, die mit Worten auszudrücken unmöglich sind. Wenn wir sie nur ahnen könnten, wie gerne würden wir gehorchen! Herr, hilf uns sehen oder noch besser, hilf uns im Glauben ohne Sehen alles aufgeben. Dank Dir, Jesus! Dank Dir, Vater!

Der Gott, den wir brauchen

Jesus, Meister, wir möchten, daß Du uns den Vater zeigst. Wir möchten nicht den Gott unserer Kindheit, der als übergroßer Mensch auf einem Thron über der Erde sitzt. Wir wollen nicht einen Gott, der in weiter Ferne ist. Wir wollen nicht einen Gott der primitiven Menschen, der nach dem Vorbild ihrer irdischen Väter mit all ihren negativen Gefühlsregungen: Eifersucht, Zorn, tyrannische Unterdrückung, blinder Wut und grausamen Bestrafungen ausgerüstet ist, die im Geist der Rache ausgeübt werden.

Wir möchten ein Gottesbild, das auf der wissenschaftlichen Grundlage unendlicher Kraft ruht, in dem Gott unteilbar, weil unendlich ist. Aber zugleich möchten wir mehr als nur eine abstrakte Idee. Jesus, Meister, wir möchten Deinen Gott, den Gott, den Du uns Vater zu nennen gelehrt hast. Wir wollen einen nahen und persönlichen Gott, und doch nicht einen Gott, der einem Menschen mit all seinen Fehlern gleicht. Wir brauchen einen Gott, der alle Eigenschaften eines Menschen besitzt und doch kein Mensch ist. Wir brauchen einen Gott, der alles in sich hat, was die Wissenschaft uns lehrt und noch unendlich mehr — einen Gott der Liebe, der Gnade und des Erbarmens — einen Gott, der ständig nahe ist, einen Gott, den wir fühlen können, wenn wir Hilfe brauchen, wenn wir unsere Hand nach einer Hilfe ausstrecken.

Unsere Vorstellung von Gott muß wie das Leben selbst werden, „näher als der Atem, näher als Hand und Fuß." Wir müssen unser Bewußtsein so hoch erheben, daß wir immer mehr den Gedanken der Unendlichkeit fassen können, daß wir erkennen, wir sind der endliche Ausdruck dieser Unendlichkeit. Wir sind der Brennpunkt, in dem diese Unendlichkeit sichtbar wird. Wir wollen unser Nahesein zu diesem Gott kennen und fühlen, damit wir uns bewußt werden, daß wir ein Teil dieser Unendlichkeit sind und daß diese Unendlichkeit in uns ist.

Wie wir das Gefühl der Nähe und Vertrautheit Gottes brauchen, der mit uns fühlt, uns schützt, uns versteht und uns in die Wärme seiner Liebe einhüllt, so müssen wir wiederum diese gleiche mitfühlende Liebe, das Verstehen und die einhüllende Wärme an unsere Mitmenschen weitergeben. Was wir der Welt geben ist das, was Gott für uns ist. Was wir wünschen, Gott solle für uns sein, wünschen wir den anderen Menschen, mit denen wir in Berührung kommen. Die Eigenschaften, die wir Gott zusprechen, rufen dieselben Eigenschaften in uns hervor.

So hilf uns denn und lehre uns, Meister! Wir möchten unseren himmlischen Vater fühlen wie Du uns gelehrt hast, Ihn zu fühlen und zu erkennen. Wir bitten das in herzlichem Verlangen. Dank sei Dir, Jesus! Amen.

Die schlafende Schönheit

In schwierigen Fällen von Geisteskrankheit oder in Fällen, bei denen Menschen eine fast vollkommene Umkehrung aller positiven Eigenschaften zeigen, haben wir es gut gefunden, den symbolhaften Vergleich mit „Dornröschen" zu ziehen.

Wir sehen das liebliche Selbst in einem Schloß eingesperrt, das von einem Riesen voller Haß, Zweifel, Furcht und Groll bewacht wird. Es ist, als ob alle Häßlichkeit in diesem einen Menschen, der da Wache hält, vereinigt ist, so daß niemand eindringen und das liebliche Selbst finden kann, das in dem Schloß seines eigenen Lebens gefangen ist.

Wir kommen wie der strahlende weiße Reiter auf seinem weißen Streitroß aus dem Westen angeritten, um die Schönheit und Lieblichkeit zu retten, die von dem Riesen gefesselt und eingesperrt ist, der die Tore bewacht. Wir kommen, von der Macht und dem Leuchten der Liebe Gottes erfüllt. Das strahlende Licht, das in uns ist, hüllt auch das häßliche Geschöpf vor uns ein, wenn wir wartend dastehen und nichts sagen, nur die Wärme und das Wunder der Liebe fühlen, die uns durchströmen.

Vor ihnen vergeht der Riese, löst sich auf und verschwindet. Dann gehen wir in das Schloß hinein und berühren „die schlafende Schönheit". Sie wacht auf, regt sich und lächelt uns an. Wir nehmen sie in unsere Arme, steigen mit ihr auf unser Streitroß und bringen sie in die Welt zurück, aus der wir kamen.

Oft helfen uns die Märchen, etwas zu erkennen. Wir finden in den alten Mythen und Legenden Schlüssel, mit denen wir verborgene Geheimnisse aufschließen können. Es ist kein Zufall, daß diese Geschichten tausende von Jahren überlebt haben. Sie sind wie die Wahrheiten in der Bibel. Sie sind nicht wahr, weil sie in der Bibel stehen, sondern sie stehen in der Bibel, weil sie wahr sind. Sie leben, weil sie eine Wirklichkeit darstellen. Und weil sie wirken, vergessen die Menschen sie nicht. Irgendwer trägt immer den Schlüssel, und die Erzählungen werden wiederholt und in Erinnerung gebracht.

O Jesus, wir möchten alle die wundervollen Erzählungen von neuem lernen, die Du uns lehrtest. Zeige sie uns in neuem Gewande, in neuen Zusammenhängen und neuen Tiefen psychologischer Bedeutung, damit wir sie in unserem Wirken für das Himmelreich anwenden können. Dank sei Dir, Jesus!

Laß Stille werden

Heilung kann in einem einzigen Augenblick geschehen, wenn wir sie annehmen können. Aber die meisten von uns sind zu sehr mit dem Zeitdenken behaftet.

Es ist schwer, stille zu werden. Wie die Stäubchen, die wie Goldpünktchen im Strahl der Sonne schweben, durch einen Windhauch verweht werden, so kann die kleinste Bewegung die Stille unterbrechen. Wenn alles in euch fällt, und der ganze Sturm der Gefühle nachläßt, könnt ihr die Ruhe der Liebe Jesu fühlen, die in euch hineinflutet. Das Öl der Freude scheint in euch hineinzuströmen, euch mit Freude erfüllend.

Plötzlich wird zu eurer Verwunderung alles deutlich und klar. Wo ihr keinen Ausweg seht, öffnet sich eine Tür. Jesus ist die Tür. Ihr schaut auf und sagt „Ich sehe; ich weiß; ich höre; ich fühle Dich, Meister". Und ihr geht durch die Tür und seht vor euch einen sicheren Weg. Das ist die Wahrheit, und durch die Wahrheit findet ihr das Leben. Dann wird euch die Heilung in seinem Namen und in seinem Wesen und ihr dankt dem Vater.

Laßt Licht werden

Laßt Licht werden! Licht wird es werden, wenn wir von der Dunkelheit unseres falschen Glaubens befreit sind. Wir müssen leer sein, bevor wir erfüllt werden können. Nicht einer von euch kann in das leuchtende Antlitz Jesu blicken und in seinem alten Wesen weiterleben. In dem Augenblick, in dem ihr die Gegenwart spürt, in dem Augenblick, in dem ihr auf dieses Leben und in dieses Antlitz seht, könnt ihr nimmermehr die Gleichen sein. Denn etwas Neues ist in euch geboren worden, und ihr könnt nicht mehr rückwärts. Ihr kehrt euch nur um, um anderen von dem Licht zu erzählen.

Plato stellte sich die Menschen in einer dunklen Höhle lebend vor, die nur die Schatten an den Wanden sehen. Nur die Schatten waren für seine Menschen Wirklichkeit. Dann schritt ein Mensch zur Tür der Höhle hinaus und hat das Sonnenlicht gesehen und wußte, daß das Licht die Schatten an die Wände warf. Von diesem Augenblick an wußte er auch, daß nur das Licht, nicht die Schatten Wirklichkeit sind. Eine große Freude kam in ihn gleich einem Blitz innerer Erleuchtung, und er rief: Halleluja! Dann kehrte er zurück, um es den anderen zu sagen. Aber sie konnten ihn nicht verstehen.

Verzweifelt nicht, ihr Lieben, wenn ihr zurückkommt und versucht, es den anderen zu sagen. Seid geduldig, laßt einfach euer Licht leuchten, und seid die meiste Zeit still. Laßt das Licht sprechen. Das wird lauter reden als alles, was ihr sagen könnt. Laßt durch euer leuchtendes Angesicht und euer Lächeln in anderen Menschen den Wunsch groß werden zu fragen, wie auch sie das Licht finden können. Dann sagt es ihnen. Laßt Liebe und Güte — und Gott — in eurem Lächeln sein. So dienen und danken wir ihm. Amen!

Läuterung durch das göttliche Feuer!

Reinige uns in Deiner Liebe, o Gott! Wie eine Kerze in der Flamme, so laß uns in Deiner Liebe vergehen! Hilf uns verstehen, daß das ewige Feuer ein immerwährendes Feuer ist, ein Feuer, das sowohl reinigen und erneuern, als auch verbrennen und zerstören kann.

Hilf uns erkennen, daß sie uns nur schmerzt und verbrennt, wenn wir Deiner Liebe widerstehen, so wie der Wagen des Moloch jeden zermalmt, der sich erkühnt, seinen Weg zu kreuzen, statt willig mit ihm zu ziehen. Wir möchten durch Dein reinigendes Feuer, das allen Unrat in uns verbrennt, geläutert, jedoch nicht verzehrt werden; wie Du den Busch vor Moses entbrennen, aber nicht verzehren ließest.

Wir möchten, daß die Flamme des göttlichen Feuers alles in uns verbrennt, was unwert ist, daß nur das reine, geläuterte Metall zurückbleibt, aus dem Du uns zu Deinen Werkzeugen formen kannst. Wir bieten uns als williges Opfer an, das auf dem Scheiterhaufen Deiner Liebe verbrannt werden soll, wohl wissend, daß nichts, was Du gebrauchst, zerstört wird und alles, was Du nicht gebrauchen kannst, von uns genommen wird. Dank sei Dir, Vater!

Läuterung durch den göttlichen Atem

Hauche uns erneut den Atem des Lebens ein, o Gott! Sende Deinen Atem in jede Zelle unseres Körpers. Laß sie diesen wunderbaren Hauch des Lebens in tiefen Zügen einatmen, sich mit dieser Luft füllen, sich dehnen, strecken und mit einem neuen Gefühl von Freiheit und Erleichterung für sich stehen. Dann wird die ganze Last beseitigt, und nur die Helle des Lebens bleibt.

Mögen wir das Strömen des hereinwogenden Lebens wie einen mächtigen Pulsschlag in unserem ganzen Körper fühlen. Nichts kann ihn hemmen und zurückhalten; denn wir sind ein Teil des schöpferischen Lebens im Universum, das erneuert, wieder herstellt, wieder belebt und alles mit neuer Energie belädt, was es berührt. Wenn jede Zelle den Hauch des Lebens einatmet, nimmt sie neues Leben an und singt und singt.

Es ist so herrlich, frei und ungebunden zu sein. Es ist wundervoll zu wissen, daß es außer unserem eigenen Unglauben nichts gibt, das uns von der erlösenden Liebe Gottes und Seinem strahlenden, heilenden Atem des Lebens trennen kann. Wir glauben. Wir glauben. Dank sei Dir, Vater!

Ganzheit sehen

Meister, wir kommen heute morgen durch Dich zu Gott. Wir wissen, daß Du alles an uns siehst und verstehst. Du kennst unsere Lage und unsere Bedürfnisse. Wir übergeben Dir unsere Probleme, denn Du siehst sie in einem größeren Rahmen, während wir nur bruchstückhaft sehen.

Wir möchten alle unsere Gefühle und Wünsche in Deiner weisen Liebe aufgehen lassen. Wir möchten, daß Dein vollkommener Plan in uns erfüllt werde. Wir wissen, es gibt den rechten Weg für einen jeden von uns. Diesen Weg möchten wir gehen. Du kannst den vollkommenen Plan in seiner Ganzheit sehen, wir nur teilweise. Unsere Lösungen gründen sich auf dieser Teilansicht. Wir möchten die vollkommene Lösung, die sich auf der Ganzheit des göttlichen Planes gründet. Deshalb geben wir uns in deine Hände und fühlen, wie sich unsere Angst in der Sicherheit unserer Hingabe auflöst.

Nun können wir die Befreiung vom Kummer fühlen, wenn er durch Vertrauen und Zuversicht ersetzt wird. Wir werden mit Ruhe und mit Frieden erfüllt und können mit innerer Ruhe und äußerer Gelassenheit weitergehen, was auch immer auf uns zukommt. Dafür danken wir Dir, Jesus und Dir, Vater!

Jünger

Es gibt einen Orden, den man den „Disziplinierten Orden Christi" nennt. Das ist ein schöner Name. Theoretisch gehören wir, die wir versuchen, den Lehren Jesu zu folgen, zu denen vom „Orden der Disziplinierten Christi".

Dr. John Gayner Banks sagte, ein Jünger Jesu sein bedeutet diszipliniert sein. Wir sind dem Orden als Neulinge beigetreten. Vor uns liegt viel, was wir verstehen und ertragen lernen müssen. Es wird Stürme geben, Prüfungen und Krisen. Wie werden wir sie bestehen? Wenn wir in den Seiten dieses Buches das Geheimnis gefunden haben, wissen wir, daß das Geheimnis heißt: Jesus Christus fühlen und das Christus-Wesen in uns zur Herrschaft bringen.

Wenn wir Ihn in diesem Wesen berühren, ist alles gut. Wenn wir Ihn nicht berühren, geschieht nichts, ist nichts recht. Er ist das Bindeglied, durch das die Kraft kommt. Seine Liebe ist es, die uns lieben lehrt. Wir müssen in dieser Liebe und in dieser Zucht wachsen, wenn wir nicht wie seine ersten Jünger scheitern wollen. Seltsam, daß sie sich im Wüten des Sturmes und im Dunkel der Nacht fürchteten, obwohl Er bei ihnen im Boot weilte. Auch wenn Er schlief, hätten sie sich nicht fürchten dürfen. Die Tatsache, daß Er im Aufruhr der Kräfte schlafen konnte, hätte sie beruhigen sollen. Aber ihre Furcht war größer.

In dieser Erzählung liegt eine Lehre: Wir werden Schwierigkeiten bekommen. Ein Sturm wird an uns rütteln. Wir werden nicht verschont, weil wir Kinder Gottes sind. Auch uns wird all das geschehen, was anderen Menschen geschieht. Aber in der Krise können wir seiner Gegenwart so sicher und in der Ruhe seines Geistes so geborgen sein, daß wir Ihn nicht wecken müssen.

Wir brauchen nicht seinen Namen rufen, denn wir werden wissen, Er ist da und werden Ihn in uns fühlen. Wir werden uns nicht auf Menschen verlassen, auf ihre Worte, ihre Gebete oder gar auf ihren Glauben. Wir werden alle Stöße, Schläge und alles Leid überstehen können, weil Er da ist!

Wenn wir diesen Standpunkt erreicht haben, ihr Lieben, gibt es nichts in der Welt, das uns unterkriegen oder beunruhigen könnte. Dann werden wir zu solchen Jüngern, wie es die ersten Jünger wurden, als Er sie verlassen hatte. Als Er nicht mehr körperlich unter ihnen weilte, mußten sie seine Gegenwart anders fühlen und auf eigenen Füßen stehen. Sie mußten ihren Mut zusammennehmen und auf unbekannten, ungebahnten Wegen hinausziehen und auf alles gefaßt sein, was ihnen da begegnen würde. Aber erst nach der Auferstehung, erst nachdem sie mit der Kraft des Heiligen Geistes erfüllt worden waren, konnten sie hinausgehen und jedem Sturm, jedem Aufruhr, jeder Gewalt trotzen.

Erst nachdem sie von der Macht seiner Liebe erfüllt und seiner Gegenwart bewußt waren, konnten sie hinausziehen und das tun, was Er auch getan hat. Petrus wurde so vom Christus-Wesen erfüllt, daß er Tausende heilen konnte. Selbst wenn nur sein Schatten auf die Menschen fiel, wurden sie geheilt.

Wir scheinen zu vergessen, daß dieselbe Macht, die der Meister hatte, an Pfingsten auf seine Jünger übertragen wurde und sie befähigte, die Taten zu vollbringen, die Er vollbracht hatte. Sie erweckten Tote, sprachen in Vollmacht und trugen die frohe Botschaft in die Welt hinaus.

Ihr Lieben, wir sind seine Nachfolger. Er hat uns einen Auftrag, eine Aufgabe gegeben. Nicht durch eine Kirche, nicht durch ein Seminar, nicht durch eine Hochschule, nicht durch ein Stück Pergament, sondern von Ihm haben wir die Aufgabe erhalten, Ihm aus der Liebe unseres Herzens und dem Verlangen unserer Seelen heraus zu dienen.

Wir hören Ihn sagen: „Gehet hin und tut alles, was Ich und was die Jünger in Meinem Namen getan haben! Geht überall hin und streut euren Samen! Rühret jedes Leben an, das bereit ist, zu empfangen! Wo sie nicht bereit sind zu hören, schüttelt den Staub von euren Füßen, und gehet eure Wege! Aber weidet Meine Schafe!"

Wir können unseren Herrn in dreifacher Weise lieben. Petrus liebte Ihn mit der Liebe, die ein Mann dem anderen entgegenbringt, mit der Liebe der Bewunderung und Achtung. Es war eine persönliche Liebe, die dem Vertrauten nahe sein und ihn schützen will. Petrus liebte den Menschen Jesus im höchsten Sinne persönlicher Vertrautheit. Er wollte Ihn abschirmen. Als der reiche Jüngling kam und ihn zu sprechen wünschte, sagte Petrus: „Nein, Er ist müde und sollte nicht gestört werden." Es war Johannes, der sagte: „Aber er liebt den Meister doch und möchte ihn sehen."

Anfangs war die Liebe des Petrus von menschlicher Art. Als Jesus ihm die Frage stellte: „Liebst du mich, Petrus?" fragte Er ihn in den drei verschiedenen Formen des einen aramäischen Wortes. Die erste Form drückt die persönliche Liebe der menschlichen Gemeinschaft aus. Die zweite Form wenden wir heute an, um Treue und Ergebenheit auszudrücken. „Liebst du mich, Petrus? Weide Meine Schafe." Als Jesus die Frage zum drittenmal stellte, gebrauchte Er das Wort Liebe in der Form „Agape". Dem Sinne nach sagte Er beim drittenmal zu Petrus: „Liebst du mich, weil du in mir den Vater siehst? Liebst du mich jenseits des Menschlichen, des Gefährteseins, des Helferseins, oder liebst du mich, weil du einen „Christus" in mir siehst?" Das erweckte in Petrus die Erinnerung an die plötzliche Erkenntnis, die ihm früher einmal geschenkt worden war, als Jesus alle Umstehenden gefragt hat: „Aber wer sagt denn ihr, daß ich sei?" Das Christus-Wesen des Petrus erwachte mit der Erkenntnis des Christus-Wesens in Jesus, und er antwortete „Du bist der Gesalbte Gottes!" Luk. 9, 20.

Wir antworten in den verschiedenen Stadien unserer Entwicklung mit denselben Worten, die Petrus gebrauchte. Wir sehen in anderen Menschen diese wundervolle Eigenschaft des Christus-Wesens, die Selbstlosigkeit. Und wir lieben und bewundern diese Menschen, weil sie so leben.

Von Anfang an möchten wir uns auf sie stützen und ihnen nahe sein, um Trost und Stärkung durch sie zu erhalten. Wir suchen menschliche Hilfe, weil wir das Christus-Wesen in uns noch nicht erkannt haben.

Aber durch unsere Bewunderung und unser Verlangen, so wie jene Menschen aus dem Christus-Wesen heraus zu leben, bekommen wir das Gefühl der Treue zu dem Ideal und der Liebe in der zweiten Bedeutung des Wortes, in der Treue zum Höchsten und Besten, das wir empfinden können. Von hier aus gehen wir durch die dunkle Nacht der Seele und lernen auszuhalten und Ihn anzurühren und uns sicher zu fühlen weil wir wissen, Er ist ja als Christus-Wesen in uns.

Dann lieben wir mit der dritten Bedeutung des Wortes Liebe, mit der Agape, indem wir den Christus, den Gott, den vollen Ausdruck des Unendlichen anbeten, das in Ihm deutlicher als in irgend einem anderen Wesen, das je gelebt hat, verkörpert war.

Wenn wir mit diesem Ausdruck des Unendlichen, mit der Agape, der göttlichen Liebe lieben, wird sie eine Gabe für uns. Wenn wir von ihr durchtränkt werden, tun wir nichts mehr aus uns selbst. Jeder Gedanke, jedes Wort, jede Handlung scheint eher aus diesem Christus-Zentrum zu kommen als aus unserem eigenen Verlangen und Wollen. Wir sagen, was der Meister sagte: „Aus mir selbst kann ich nichts tun; es ist der Vater in mir, der die Dinge tut." Aus uns selbst haben und vermögen wir nichts. Wenn dann jene, die wir angerührt haben, mit Worten des Dankes zu uns kommen, mit Worten oder Liebe uns überschütten, wollen wir uns nicht in Verlegenheit bringen lassen. Wir wollen nicht vor ihrem Wunsch nach einem vertrauten Verkehr mit uns zurückweichen und vor ihren Lobesworten nicht davonlaufen. Wir wollen sie im Namen Christi annehmen. Was sie uns darbringen, bringen sie Ihm dar und wir nehmen es in seinem Namen dankbar und mit offenem Herzen an. Wir sehen die Liebe, die sie zum Ausdruck bringen möchten, nehmen sie jedoch für Ihn und nicht für uns an. Wenn sie zu uns kommen, wollen wir immer daran denken, daß sie ja zu Ihm kommen möchten, wenn sie in unserer Nähe sein möchten, so wollen sie doch nur den Saum seines Gewandes berühren, damit sie heil werden.

Laßt in unseren Herzen ein tiefes Entzücken und eine dauernde Freude darüber herrschen, daß wir von der göttlichen Macht als Werkzeug gebraucht werden können, sowohl für das Fortwirken des göttlichen Willens in uns, als auch in unseren Brüdern und Schwestern — den Söhnen und Töchtern des lebendigen Gottes.

Betrachtung

Jesus möchte, daß wir uns als seine Jünger untereinander lieben wie Er uns und wie der Vater Ihn geliebt hat. Das ist die vollkommene Dreieinigkeit. Wenn wir in dieser Dreieinigkeit leben, finden wir die „Drei in einem" als Wirklichkeit in uns: den vollkommenen Körper, die Ganzheit des Geistes und die Seele als Verbindungsglied zwischen beiden.

Die vollkommene Dreieinigkeit ist auf der großen Einheit gegründet. Liebe ist etwas Einigendes. Es kann niemals von ihr gesagt werden, was der Dämon von sich sagte, nämlich, daß sein Name Legion sei. Das kann nur von negativen Kräften gesagt werden. Der Name des Bösen ist immer Legion, aber die Liebe hat nur einen Namen. Es ist eine Einheit in der Liebe, die über allem ist, alles besiegt, alles beherrscht, alles heilt.

Die positive Kraft eint. Der Herr, dein Gott, ist sie. Du sollst keinen anderen neben Ihm haben. Wir dürfen keine andere Macht vor Ihn setzen. In dem Moment, in dem wir irgendwelche Verhältnisse, bestimmte Menschen oder Umstände, bestimmte Überlieferungen oder bestimmte Anschauungen für mächtiger als die Liebe Gottes halten, haben wir das 1. Gebot übertreten.

Es mag uns scheinen, daß dies ein sehr strenges Gebot ist, aber die Gebote Jesu sind streng. Sie sind freundlich und voll Liebe, aber weder sentimental, noch zu Kompromissen geneigt. Sie sind männlich und lebensvoll und ganz und gar zutreffend. Wenn wir den vollen Sinn dessen erfassen, was Er lehrte, erkennen wir, daß es eine Gotteslästerung ist, wenn wir irgend etwas oder irgend jemand Macht über unseren Gott zugestehen. Dies ist die Sünde wider den Heiligen Geist, die Sünde, die nicht vergeben wird, weil sie nicht vergeben werden kann. Sie kann nur vermieden werden. Keine Macht der Welt kann sie vergeben. Denn solange wir an der Welt hängen, tragen wir ihre Früchte an uns, und niemand kann diese Früchte abschütteln außer wir selbst.

Jesus, Meister, wir möchten, daß Du uns in alle Wahrheit einführst. Wir bitten Dich, uns Mut und Kraft des Herzens zu geben, damit wir die härtest scheinenden Gebote beachten können, die wir als Deine Jünger vor uns liegen sehen. Denn wir betrachten uns als Glieder des „Disziplinierten Ordens", der Deinen Namen trägt.

Erlasse uns nichts, wie wir uns nichts erlassen möchten, sondern lehre und unterweise uns in allen Dingen. Wir wissen, es gab vieles, was Du den Jüngern nicht geben konntest, vieles, was Du ihnen sagen wolltest, das zu hören sie aber noch nicht bereit waren. Wir möchten bereit sein. Wir möchten alles hören, was Du uns zu sagen hast.

Dank sei Dir, Jesus, Amen.